淘宝、天猫网上开店

爆品爆款

曾弘毅◎著

一本通

TAOBAO
TMALL

民主与建设出版社
·北京·

图书在版编目（CIP）数据

淘宝、天猫网上开店爆品爆款一本通 / 曾弘毅著
. — 北京：民主与建设出版社，2019.7
　ISBN 978-7-5139-2498-6

　Ⅰ. ①淘… Ⅱ. ①曾… Ⅲ. ①网店－运营管理 Ⅳ.
① F713.365.2

中国版本图书馆 CIP 数据核字 (2019) 第 100652 号

淘宝、天猫网上开店爆品爆款一本通
TAOBAO TIANMAO WANGSHANG KAIDIAN BAOPIN BAOKUAN YIBENTONG

出 版 人	李声笑
著　　者	曾弘毅
责任编辑	王　倩
装帧设计	润和佳艺
出版发行	民主与建设出版社有限责任公司
电　　话	（010）59417747　59419778
社　　址	北京市海淀区西三环中路 10 号望海楼 E 座 7 层
邮　　编	100142
印　　刷	大厂回族自治县彩虹印刷有限公司
版　　次	2019 年 7 月第 1 版
印　　次	2019 年 7 月第 1 次印刷
开　　本	710mm×1000mm　1/16
印　　张	14
字　　数	213 千字
书　　号	ISBN 978-7-5139-2498-6
定　　价	45.00 元

注：如有印、装质量问题，请与出版社联系。

2008年，11月11日还只是"光棍节"，阿里渐渐地将"光棍节"变成了"狂欢节"，2018年11月11日，淘宝、天猫"双11"购物狂欢节24小时交易额达到2135.5亿元。巨大的交易额呈现出了巨大的需求市场，80后、90后开始成为互联网消费的主力，消费更加年轻化，需求更加多样化。

在淘宝成立之初，网店处于野蛮生长期，没有一定的规则规范约束，大家都在摸着石头过河，许多人凭借运气和闯劲成功了。

如今，淘宝、天猫已经过了野蛮生长期，过去的开店经验和思路已经无法跟上电商的发展脚步和消费者日益增长的消费需求了。品质、品牌、服务已经成为开店的硬性要求，"爆品时代"已经来临。本书着眼未来，立足"爆品为王"的时代，旨在帮助卖家打造出自己的爆品，创立属于自己的品牌，在激烈的竞争中胜出。

爆品简单来说就是单品绝杀，最典型的例子就是苹果手机、小米手机。苹果手机自第一代iPhone发布至2016年3月26日，销量近10亿部。同样，小米每款产品也都能引爆市场。当然，传统行业也有成功打造爆品的例子，例如加多宝，一罐凉茶就做到几百亿元资产。

移动互联网时代，网店爆品战略不仅具备了可能性，还将成为移动互联网时代的通行证，没有爆品的网店将很难生存下去。

本书介绍了淘宝、天猫开店、运营的基础知识和注意事项以及怎样创立自己的网店品牌，打造爆品。本书立意明确，以"拥抱变化"的思维，为读者分析了怎样开网店才能赢得下一个发展机遇，引发读者思考，避免开店之初就走上错误的发展道路。

"有志者，事竟成。"这本书是送给那些心中有创业梦想，想开网店，或正在经营网店，但苦于没有系统的经验，一直艰难前行的读者的最佳礼物。希望本书能够帮你打开思路，引发思考，成为你创业路上的敲门砖。

目录
Contents

目录
Contents

目录
Contents

目录
Contents

第一章

开店之前，做好充足准备

　　电商时代，开网店以其独特的成本优势逐渐成了一种潮流，成为年轻人创业的首选，但是，盲目开店依然存在很大的风险。要想自己的网店顺利地开起来，我们就需要了解开网店前需要做的准备，未雨绸缪，才能百战不殆。

一个平凡的人也可以创造奇迹

关于未来，每个女孩的心中都有自己的梦想，小雪也是如此。她是山东一个农民家庭的孩子，毕业后面临择业时，她毅然决定放弃大城市的工作机会，返乡创业，去追寻心中那个属于自己的梦想。

返乡创业，勇敢追梦的女孩

2008年，小雪毕业后，经过一番周折终于找到了一份在货运公司做销售的工作。但是，由于她儿时的一次患病，用错了药，造成了听力障碍，这让她的第一份工作开始就不是很顺利。

小雪渴望有一天能在自己希望的环境中工作和生活，但是这又谈何容易！面对每个月900元的房租和仅仅1500元底薪的工资，北京这样的大城市对于小雪来说是压力多过诱惑。

在这样的情况下，她毅然选择了辞职。

2009年，小雪从网上看到很多人通过淘宝开店，这种经营方式可以直接在网上进行交流，避免了线下对话的尴尬，她心中暗自高兴："这不正是自己想要的吗？"

同年8月，小雪应聘到杭州一家淘宝网店工作，经过半年多的时间，她已经完全掌握了网店的经营流程和技巧，于是，返乡开了一家属于自己的淘宝店。

当时，在许多二三线城市，虽然很多人已经知道网购，但是并不知道具体怎么操作。小雪相信自己的直觉，这是一个等待被开发的市场。小雪筹措到一些启动资金后，正式为自己的店铺设计了"小雪出品"的品牌，旺旺ID名叫"红豆馍馍"，淘宝店正式营业。好友丹丹也被她的热情感染，两个人携手走上了创业之旅。

有梦想的女孩，注定不会平凡

小雪和丹丹经过反复商量后，决定选择服装行业。当时在淘宝上销售服装的商家已经非常多了，但是服装毕竟是刚性需求，而且开服装店门槛很低，对技术要求也不高。考虑到要在淘宝目前的市场状况下迅速立足并建立自己的信誉度，最好的办法就是借助品牌，于是，寻找品牌就成了小雪的第一个难题。

当时，许多品牌经销商都不愿意将产品批发给她，原因是担心网络销售会给线下实体店的经营造成影响。经过不懈努力，终于"森马"有一家经销商勉强愿意让她代销产品，但是只答应给她3000件过季的囤货，且折扣还很高。

森马品牌的认知度较高，节省了宣传成本，而且小雪跟商家谈好，不做进货，只是先将照片放在网店中展示，有人购买再去拿货，这样就形成了无仓储销售模式，大大节约了成本。开店后第三天，第一笔交易完成，成交价格25元。这25元对于小雪来说意义非凡，自己的努力终于赢得了市场的回应。

一单、两单、三单……订单逐渐多了起来，从3月到6月，小雪的淘宝店快速成长为3钻。小雪说："我要让来店里购物的人享受到邻家小妹般温暖贴心的服务，如同在品尝一个家庭自制的红豆馍馍一样随意自在。"这既是一个"85后"女孩的创意，也是她创业的决心。

"小雪出品"，做自己的品牌

淘宝网上已经有了海量商品，而且销售同一品牌的淘宝店也有很多，自己的网店怎样才能从中脱颖而出呢？小雪决定，不仅要将"小雪出品"做成一家出色的网店，还要做成一个淘宝品牌。

通过这个品牌，向消费者传递她亲切、朴实的情感，而"出品"更会让人联想到品质的保证。在淘宝这个网络大市场中，产品质量和服务对于赢得客户而言同等重要。

小雪与其他卖家不同，她在面对每一个客户时，不仅热情，还会积极帮他们寻找合适的搭配。无论高矮胖瘦，"小雪出品"都会精心为客户挑选合适的服装，小雪说："我们会选择更多的服装品牌做代销，新品和旧品做搭配，让消费者有更多的选择。"

对于网店经营，小雪也有自己的见解，她说："'小雪出品'要塑造一种平凡人也能做非凡事的感觉，一件普通的衣服也可以穿得精彩，一个平凡人也可以创造奇迹。"

淘宝网与天猫商城

电子商务的出现和发展，给广大消费者提供了网络购物平台，让消费者足不出户就能完成购物，为商家和消费者节省了大量时间，极大地提高了交易效率。众多企业、商家纷纷从线下转移到线上，互联网创业也逐渐成为年轻人创业的首选。

网店作为电子商务的一种形式，能够让消费者在浏览网站的同时进行购买，通过在线支付完成交易。网店不同于实体店，商家不需要一个用于经营的店铺，也不需要从一开始就招聘员工，这大大降低了经营成本，也为资金不足的人群提供了极佳的创业机会。

阿里巴巴电商平台、淘宝网、天猫商城作为我国网店店主最集中的社区，用户数量几乎占了我国网民总数的1/3。在我国电子商务高速发展的这些年里，不但阿里巴巴成为创业奇迹，而且借助阿里巴巴、淘宝网、天猫商城等平台成功创业的企业和个人也非常多。

阿里巴巴电商平台

阿里巴巴集团于1999年由马云等18人在杭州创立，是中国领先的网上批发平台。时至今日，阿里巴巴集团经营的业务更加多元化，其业务和关联公司的业务包括淘宝网、天猫、聚划算、全球速卖通、阿里巴巴国际交易市场、1688、阿里妈妈、阿里云、蚂蚁金服、菜鸟网络等，并于2014年9月19日在美国纽约证券交易所正式挂牌上市。

2016年4月6日，阿里巴巴正式宣布已经成为全球最大的零售交易平台。阿里巴巴的"淘工厂"项目就是基于互联网的柔性制造平台，将淘宝平台的服装商户与工厂连接起来，让工厂在互联网上承接生产订单。如今，阿里巴巴电商平台的发展促进了云计算、网络第三方支付、网店运营、咨询服务等生产型服务业的发展，形成了一个巨大的新兴产业生态环境。

图1-1　1688采购批发网界面

淘宝网与天猫商城

1. 淘宝网

2003年5月10日，阿里巴巴集团投资创办了淘宝网，10月推出第三方支付工具支付宝，以担保交易模式促使消费者对淘宝网的网上交易产生信任。2005年，淘宝网成为亚洲最大的网络购物平台，年成交额突破80亿元，超越沃尔玛。

随着淘宝网的发展规模不断扩大，淘宝网也从单一的C2C网络集市变成了包括C2C、分销、拍卖、直供、众筹、定制等多种电子商务模式在内的综合性零售商圈。

图1-2 淘宝网页面

2. 天猫商城

淘宝商城于2012年1月11日在北京举行战略发布会，宣布更换中文品牌"淘宝商城"为"天猫商城"。"天猫商城"提供了一个定位和风格更加清晰的消费平台，猫是性感而有品位的，天猫网购代表的是时尚、性感、潮流和品质；猫天生挑剔，挑剔品质、挑剔品牌、挑剔环境，这恰好就是天猫网购要全力打造的品质之城。

2012年3月29日，天猫发布全新Logo形象，成为淘宝网全新的B2C（Business-to-Consumer）商业零售模式，整合了数千家品牌商、生产商，为商家和消费者提供一站式解决方案，提供100％品质保证的商品。2014年2月19日，天猫国际正式上线，为国内消费者直供海外原装进口商品。

图1-3 天猫网页面

淘宝网与天猫商城的区别

两个网站都属于阿里巴巴集团，模式都是在网上开店铺，都需要注册、认证以后才能买卖自己的商品，两者都通过支付宝第三方支付，产品出现质量问题，都可以退货。

二者的区别主要体现在以下几个方面：

（1）淘宝网是C2C平台，每个人都可以在淘宝开店；天猫是B2C平台，需要以公司形式开店，没有注册公司，是不能在天猫商城开店的。也就是说，二者的起点是不一样的。

（2）在淘宝网开店经营，卖东西不需要向淘宝网支付任何佣金；而在天猫商城每卖一件东西，都需要支付一定的佣金。

（3）如果说淘宝网是市场，那么天猫商城就是超市，天猫商城经营的必须是品牌产品，淘宝网则什么样的产品都可以。

无论是在淘宝网开店，还是在天猫商城开店，我们首先要确定自己的产品和目标消费群体，根据产品的特点和经济情况，做出正确的选择。选择在淘宝网购物的消费者与选择在天猫商城购物的消费者，心理需求是不同的，天猫商城的消费者，更多的是寻求品牌和质量；而上淘宝购物的消费者，追求的则是便宜、性价比，这在开店之前必须了解清楚。

网上开店优势分析

相对于传统实体店而言，网店有着本质的区别。面临的竞争更加激烈，同时也具有实体店所不具备的独特优势。开网店不需要支付高额的租金，产品买卖自由度更高，甚至可以今天卖衣服，明天卖鞋子，又或者多种产品搭配着卖。

随着我国电子商务的发展，各项技术日趋成熟，民众的消费观念也发生了根本性的变化。尤其是年轻消费群体，网购已经成为他们的首选，大到家用电器，小到零食，都会选择从网上购买。

网店发展前景分析

目前，我国已成为世界上互联网人口排名第一的国家。这也造就了我国庞大的网购群体，也是中国被众多国际和国内互联网从业者看好的原因之一。淘宝网级别达到皇冠以上的网店，拥有少则几十人，多则上百人的团队，从客服、包装、装修、拍照、商品上架到采购等，各个流程都有专门的人员负责，已经不再是一个人一台电脑的模式了，完全是一个公司的运作模式。

相关调研数据显示，我国网络购物的潜力还没有完全释放。国家对电子商务的大力扶持以及出台的一系列政策规范，推动着我国电子商务如火如荼的发展，在这种大形势下，越来越多的传统企业开始进军电子商务，未来几年，我国电子商务会更加快速地发展，网络购物将成为未来购物的主流形式。

开网店的人群及特点

1. 大学毕业生

随着高校的普及，大学毕业生数量越来越多，毕业后面临着严峻的就业问题。开网店门槛低，风险小，这对于缺乏社会经验的毕业生而言，是一条非常不错的创业途径。

2. 在职上班族

许多不满足现有收入，或者想自己当老板的上班族，选择合理利用工作空闲时间来开网店的有很多，经营出色，成功变成老板的也大有人在。

3. SOHO一族

此类人群上网时间长、行动自由、时间充沛，如果是创造型的SOHO，例如网页设计、职业写手等，可以自己创造价值，网上销售无疑是价值最大化的最好途径。

4. 实体经营者

此类人群有自己的商品，资金充足，货源有保障，在原有的传统经营模式下拓展网店，效果更好。因此，这类人群也是最适合在网上开店的。

5. 草根创业者

开网店的门槛低、风险小、无场地需求，可以在线上发展客户资源，同时还能利用网络去打造属于自己的互联网品牌。

网上开店的优势及特点

1. 成本低

网上开店综合成本较低，店主可以根据顾客的订单去进货，没有囤积货物的压力，而且网店没有实体店那样多的水、电、管理费等方面的支出，在人力方面的投资也极低。

2. 经营方式灵活

网店借助互联网进行经营，店主可以选择全职经营，也可以选择兼职经营，营业时间灵活，网店也不需要专人时时看守，只要能及时回复买家的咨询，一般就能正常经营。

3. 不易压货

网店店主可以随时转换经营其他商品，进退自如，没有压货的包袱。

4. 方便快捷

网上开店基本不受营业时间、营业地点、营业面积这些传统因素的限制，只要电商平台不出问题，就可以做到24小时营业，并且无须专人值班看店。

5. 消费者范围广

相对于实体店而言，网店消费群体范围更加广泛，只要是上网的人群，都有可能产生消费，这个范围可以是全国的网民，也可以是全球的网民。

网上开店的优势显而易见，在淘宝网开店，你可以没有实体店铺，也不用注册公司，只要一个网店，就能将产品卖到全国，这是网店最吸引人的一大特点。产品上下架，也只需要动一动鼠标而已，之所以许多年轻人选择互联网创业，也正是基于网店的这些优势和特点。

开网店的风险分析

时至今日，淘宝网已发展成为全国最大的网络零售平台。随着行业的不断完善，过去的许多认知在当下已经不再适用。对于初涉淘宝、天猫的新手而言，必须要清楚地认识到开网店同样是机遇与风险并存。

当下，越来越多的人不想去逛街，因为动动手指就能买到自己想要的东西，这是网络和电子商务创造的奇迹。我国电子商务经过几年的积累和发展，规则与模式日趋成熟，这会带来怎样的变化，需要规避哪些风险呢？

网上开店的方式

假如你正在考虑开一家网店，首先要根据自己的实际情况，选择一种适合自己的开店方式。目前，网上开店的经营模式主要有以下三种：

（1）线上与线下相结合。在这种经营模式下，网店有线下实体店铺的支持，在商品价位、销售技巧方面都具有一定的优势，更容易取得消费者的认可与信任。

（2）全职经营网店。把全部的精力都投入网店经营上，将网上开店作为自己的全部工作，那么，网店收入也将成为个人收入的主要来源。

（3）兼职经营网店。许多人将经营网店作为自己的副业，例如一些在校生利用课余时间经营网店，一些职场人员利用工作的便利开设网店来增加收入，等等。

网店开不成的原因

许多人都想抓住电子商务带来的商机，经营属于自己的网店，而做不成的原因总结起来主要有以下几点：

（1）不懂网店经营，甚至连网店怎么开都不清楚。

（2）没有产品，不知道应该卖什么。

（3）无法把控产品质量，不知道怎样退换货。

（4）不敢进货，怕投入的资金收不回来，怕产品积压。

（5）怕经营不好赔钱。

开网店也有风险

虽然网上开店具备许多优势，但是作为一种需要投入资金与精力的经济行为，网上开店同样也存在着一定的风险。比如销售的产品不对路，价格不合理，无法建立销售信用，解决不好支付与送货环节，等等，这些都容易使网店销售打不开局面，不仅无法获利，还浪费了时间、精力以及资金。

因此，在开网店之前，一定要对经营过程中存在的风险有足够的认识，而不是坐在家里只等收钱。开网店前，必须对网店经营风险进行分析，风险评估后再谨慎涉足网店。那么，网上开店的风险都存在于哪些方面呢？

（1）人力成本。虽然表面上看来，经营网店很自由，但是并不比上班轻松。多数中小网店卖家的利润，很难支撑客服的薪酬，只能自己亲力亲为，从进货、拍照、上货，到销售、快递、售后等工作全由自己完成，非常劳累。

（2）商品质量。来淘宝网购的消费者多数都是追求物美价廉，而且会把几十元的商品同几百元的做比较。衡量商品质量没有固定的标准，网购的买家也是形形色色，因此，无论你对自己的商品多自信，都要做好被差评的思想准备。

（3）货源风险。充足稳定的货源是每个网店经营的基础，因此大家拼抢渠道，竞争激烈。想要经营好一家网店，就必须做好充足的准备，及时掌握库存，找到稳定的货源供应商。

（4）成本风险。包装、网费、电费等，这些都是网店最基本的花销，如果注重细节营销，就要附加包装成本了，至于效果如何，只有在营销过程中找到适合自己的方式，才能达到最好的推广效果。

（5）物流风险。把东西卖出去，买家收到货，付完款，交易就完成了吗？虽然事实上这个交易流程结束了，但是不要忽略物流的速度，商品是否破损，等等。如果忽略了这些细节问题，就会严重影响网店的信誉。

当你准备涉足网店创业时，不能仅凭一腔热血的冲动，而是要保持冷静，对这个行业先进行了解和分析。包括心理素质、体力、沟通能力等自身条件是否适合开网店都需要慎重思考。当然，开网店机遇与风险并存，并不是说这些风险都会发生，这里只是将投资风险做个全面的分析。只要你对风险分析做得够好，有充足的准备，就可以避开这些风险。

开网店需要具备哪些条件

开网店是为了赚钱，因此首先你需要想好要开一家什么样的店。这一点与传统店铺没有区别。但是，开网店的具体条件与传统店铺所需条件又有着本质的区别。

开网店最担心的问题莫过于货源，目前网店货源渠道主要有厂家供货、市场批发、代理货源。如果你是开网店的新手，那么代理货源可列为首选。因为做代理无须进货，所需的周转资金最少，门槛最低，最适合新手创业。那么，开网店需要我们具备哪些基本条件呢？

条件一：基本资金

不需要大量资金是开网店的优势之一，可以用小钱生大钱。虽然我们不需要像做企业那样多的启动资金，但是毕竟还是个体经营，也是需要一定的投资的。开网店的资金主要分布在三个方面：硬件方面、活动方面和消费支出方面。

1. 硬件方面

（1）电脑和网络。电脑和网络是开网店最基础的条件，电脑配置无须过高，能进行简单的图片处理和网页设计即可，目前市场上的主流电脑完全可以满足开网店的需求。

图1-4　电脑设备

（2）办公场所。开网店必须要有一个办公场所，如果是在自己家开，那就写上自己的家庭住址，总之办公场所一定要有。

（3）通信工具。手机等通信工具是必不可少的，随着移动互联网的快速发展，移动终端让你可以随时随地通过手机对店铺进行管理。

（4）单反相机。为了拍摄清晰的产品图片，单反相机是必备物品之一，在单反相机的选择方面，最基础的可以选入门级的套机即可。

（5）包装材料。包装材料根据所销售的产品不同以及活动等方面的因素，成本上也会有所区别。

2.　活动资金

包括进货、铺货以及在账户间传递所需的资金。

3.　消费支出

网店前期通常是没有盈利的，在这段时间，甚至可能很长时间内都要做好充足准备，承担吃、住、用等日常消费资金。

条件二：耐心与坚持

开网店在很多人看来是一份轻松悠闲的工作，不受拘束，工作时间自由。但事实是每天都要坐在电脑旁边盯着显示器，尤其是新店开业后，通常还没有几个人光顾你的生意，即便有，多数也是找你倾销的。

面对这样的情况，耐心与坚持就十分重要了。如果在这个阶段没有耐心坚持下去，网店的生意自然就无法维持。因此，当你打算开一家网店时，首先你需要给自己做个测试，确定自己是否有耐心坚持下去。

条件三：心理素质

俗话说"万事开头难"，当你的网店开业时，你就已经迈出了第一步。绝大多数店主都经历过对淘宝流程体系不熟悉，吃哑巴亏的过程。

淘宝店主"加菲猫"开网店之初，每天做得最多的事就是吃亏。因为是新店，"加菲猫"认为必须以赚信誉为主，所以很多商品都以进价卖出，有些商品甚至是亏本卖出的。

即便如此，"加菲猫"还是遇到了许多"超级买家"，此类买家最主要的表现就是"你不降价，我就不买！你将价格调低一点我就拍"。"加菲猫"没有办法，为了赚取信誉，只能将很多商品便宜卖出。而"加菲猫"做得最亏的一件事，就是选择了价格偏高的快递，由于是低价格卖出产品，因此仅快递这一项，"加菲猫"就没少搭钱。

因此，网店开业前期，你会遇到各种困难，直接挑战你的心理承受能力，而且困难会比你想象的还要多，这无疑是对你心理承受能力的考验。决定开网店，就必须做好充足的心理准备，应对可能会出现的各种困难。

条件四：服务意识

开网店是通过虚拟网络实现现实交易的过程，与实体店铺商品销售有着很大的区别。买家网购，除了看产品介绍、价格外，更加看重卖家的服务。可以说，服务意识决定了你的服务质量，服务质量的好坏，直接影响网店的销售。

服务内容包括售前的坦诚、微笑、贴心，售后的坦荡、妥善解决问题等。如果你有经营实体店的经验，一定要提醒自己转变经营思维，多用微笑去感染别人，让顾客感受到你的自信与坦诚。随着时间的推移，高质量服务必然会形成良好的口碑。

开网店之前要做哪些准备

很多网店店主不赚钱，甚至赔钱，主要是因为在开店之前各方面都没有准备好。尤其是不具备互联网思维，不了解买家的需求变化，只想着降价促销、花钱买广告、刷单提排名。

每家店所属行业不同，产品不同，自身优势也就不同。盲目跟风，一味走别人走过的路，你就只能看到别人赚钱。所以，在开网店之前我们要有充足的准备，只有万事俱备，才能在东风来临时取得骄人战绩。那么，我们在开网店之前，要做好哪些准备呢？

项目选择

开网店也是一种商业活动，与实体经营类似，在开店之前一定要做好市场调查，了解消费者的需求。例如，女性偏爱网购，女性产品比较热门，女装、女鞋、化妆品等的销售量均名列前茅。这也说明女性产品前景广阔，需求量大，而且更新速度较快。

目前，家纺、电子产品的销量也排在前列。因此，在开店之前一定要选好项目，确保供货质量，因为质量直接影响着产品的销量和网店的信誉。

货源选择

在经营项目确定之后，我们就要考察货源了。当前可供选择的进货渠道非常广，另外开店后选择自己进货还是选择代理，都要仔细考虑清楚。

网上批发和线下批发市场都是不错的选择，网上批发可以选择阿里巴巴等网络贸易批发平台，种类齐全，价格方面也具有优越性。线下批发就是寻找合适的批发市场，需要考虑的是批发价格和产品质量。

快递选择

快递是开网店非常重要的一环，选择哪家快递公司，也需要慎重考虑。好的快递公司服务态度好，价格合理，发货速度快。

在选择快递公司时，我们需要结合当地的环境，寻找适合自己的快递公司，做到货比三家。如果快递费过高或速度很慢，就会直接影响消费者对网店的满意度，进而影响消费者的二次购买。

与快递公司洽谈合作时，应当尽力争取最理想的价位，降低产品的销售成本，保证产品的利润空间，也可以线上选择快递。

注册网店

淘宝网网店注册，需要一张开通了网银的银行卡、年满18岁的身份证，进入淘宝官网注册淘宝会员，进入支付宝实名认证、淘宝认证，才能正式建立店铺。单反相机是开网店的必备工具，给经营产品拍照，然后上传产品，发布产品，就可以经营了。

沟通工具

网店与实体店不同，实体店需要和顾客面对面直接交谈，而网店则是与顾客通过网络沟通。这就需要准备好与顾客沟通的工具，即阿里旺旺。阿里旺旺是淘宝旺旺与阿里巴巴贸易通整合在一起产生的一个新品牌，是淘宝和阿里巴巴为商家量身定做的网上商务沟通软件。

淘宝沟通工具有阿里旺旺和千牛两个版本，千牛在阿里旺旺的基础上进行了创新，功能更多，卖家操作起来更轻松。

产品推广

目前网店众多，学会产品推广至关重要，尤其对新店而言，产品推广直接影响着网店未来的走向和命运。

网店产品推广就是要通过各种渠道，让更多网购的人知道自己网店的存在。淘宝新店信誉低，推广受限制。这时我们选择推广的方式尤为重要，QQ、微信、微博、论坛、抖音等免费工具，都是宣传和提高自己网店知名度的途径。

开网店的注意事项

（1）安心。网上开店的优势很明显，但并不是开个网店就能赚得盆满钵满，真正实现盈利、取得成功的只是少数。因此，网上开店需要摒弃一些不切实际的想法，安心经营才会有回报。

（2）守法。网上开店不要经营国家法律法规明文禁止经营的商品，要遵守国家的法规政策，做一个守法的公民，在必要时申请注册，及时缴纳相关税费。

（3）诚信。开网店同样要以诚信为本，不欺骗消费者，不谋取不义之财。

（4）平心。开网店同样存在经营风险，开店之前要做好充分的心理准备，认真分析比较，做到心平气和。

第二章

淘宝开店攻略与技巧

在电子商务迅猛发展的今天，线下店铺的生存受到了强烈的冲击，马云说，未来要么电子商务，要么无商可务。随着淘宝运营模式越来越成熟，开网店成为越来越多人的选择，开店攻略和技巧也受到越来越多的关注。

每家网店都应该有自己的个性

如果你打算在淘宝开网店，新店刚开，没有信誉度，面对众多网店，买家凭什么要买你的产品？凭什么信任你？如果解决不了这两个问题，商品成交就会出现很大的难度。因此给自己的网店一个清晰的定位就非常重要了，这就要求你的网店一定要有自己的个性，否则很难从千万网店中脱颖而出。

"叁陌绽放"：100％好评率是怎样炼成的

不设旺旺、不亮灯，全场自助购物，店铺每周二上新，每次16件……

这样的网店，怎样看都不像可以存活下来的样子，然而事实是自2008年开店以来，该店一年升皇冠，两年升3皇冠。如今已是5皇冠的"叁陌绽放"，始终保持着100％的店铺好评率。

有着森女范儿的"叁陌绽放"网店，不设客服，经营的产品也不多，但是给了每个消费者舒适的感受。

店主说："我们是一家不开旺旺的自助购物店，在万千店铺中，希望保守一份不同。员工不要太多，但要像家人一样；产品不要太杂，要让顾客真心喜欢；发展不要太快，能时常回头望望来路……"

当我们花心思去做一些难以处理的服务时，反而不如专注地将产品做好，这样消费者才会真正喜欢上你店里的产品，进而产生口碑效应。

图2-1　ifashion店铺界面

　　这并不意味着"叁陌绽放"忽略了消费者的需求和体验，实际上，当消费者有各种疑问，或者退换货时，"叁陌绽放"网店会第一时间处理，同时，还会给消费者送上各种明信片、小礼物等。通过这些贴心的服务，让消费者买得自在，买得舒心，自然也就赢得了消费者的心。

　　"螃蟹秘密"：创意视觉带来的惊喜

图2-2　螃蟹秘密内衣旗舰店页面

从开店首日55元的销售额，到单日4.7万元的销售额，"螃蟹秘密"仅用了一年时间，就跻身于淘宝品牌行列。尤其是这张将内裤穿在脸上的照片，也只有"螃蟹秘密"家才想得出来吧。

图2-3 "螃蟹秘密"创意广告

"螃蟹秘密"一路高歌猛进，视觉创意功不可没。2009年7月1日，"螃蟹秘密"凭借视觉表现力赢得了淘宝扶持计划精品网货的青睐，参与了3期主题推广活动，销售额一路突飞猛进。

虽然图片并不是网店的唯一重点，但是一张好图可以让网店更上一层楼，"螃蟹秘密"就是如此。人们选择内裤，看重的就是舒适度，将内裤的透气性转化为内裤的呼吸更加形象，什么最能诠释呼吸？鼻子！

于是，一张极具表现力和震撼力的图片就这样诞生了。一张图片，带动了一家网店的成长，是奇迹吗？其实不是，而是店主对自己的产品有着深刻的理解，了解消费者的需求，将这种理解与需求用最直接、最震撼的方式呈现给了消费者，赢得了消费者的信任和认同。

注册淘宝账号

想要在淘宝开网店，必须注册一个淘宝账号。淘宝账号注册流程并不复杂，淘宝经过多次变革，注册流程越来越人性化，越来越便捷。

注册淘宝账号之前，我们需要事先做一些准备，例如手机号码、电子邮箱、有效银行卡等，下面我们就来介绍一下注册淘宝账号需要准备的工具和整个注册流程。

1. 注册淘宝账号前需要准备的工具

（1）邮箱账号。邮箱是收发邮件、验证信息的重要工具，注册淘宝账号之前需要准备一个电子邮箱账号。

（2）手机号码。手机是收发验证码、验证信息必不可少的工具之一。

（3）有效银行卡。银行卡是网络交易必备工具，最好使用开通了网银的银行卡，这样注册网店时可以省去很多麻烦。

（4）纸、笔。纸和笔主要是为了记下账号、密码等信息。

2. 淘宝账号注册流程

（1）打开淘宝官网"https://www.taobao.com"，搜索栏的左上方显示有"请登录""免费注册""手机逛淘宝"，点击"免费注册"，如图2-4。

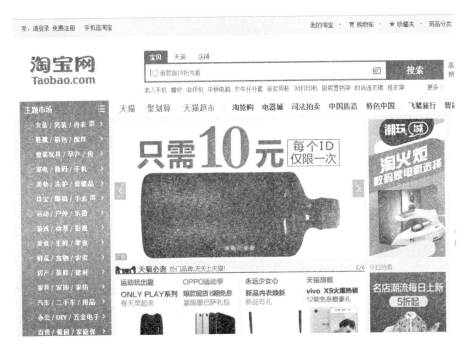

图2-4　淘宝官网页面

（2）进入"免费注册"页面后，会自动弹出"注册协议"，点击"同意协议"，如图2-5。

图2-5　淘宝网用户注册界面

（3）填写手机号码，点击"下一步"，如图2-6。

图2-6　注册手机号填写界面

（4）输入手机收到的校验码，点击"确认"，如图2-7。

图2-7　注册验证码输入界面

（5）此时，可选择"该账户是我的，立即登录"，也可以选择邮箱注册，这里主要介绍一下邮箱注册，如图2-8。

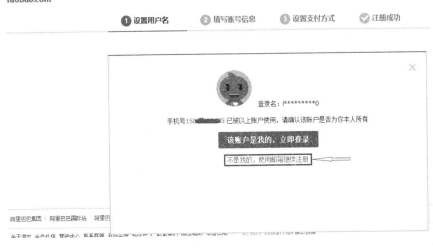

图2-8　邮箱注册界面

（6）来到邮箱注册页面，填写电子邮箱，点击"下一步"，如图2-9。

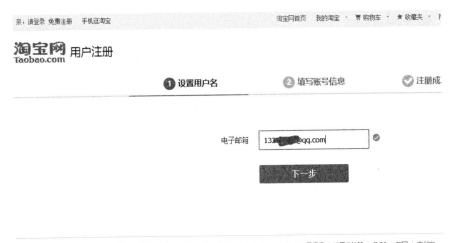

图2-9　电子邮箱填写界面

（7）验证邮件已发送到邮箱，点击"请查收邮件"，如图2-10。

淘宝网 用户注册
taobao.com

① 设置用户名　　　　　② 填写账号信息　　　　　✓ 注册成功

验证邮件已送达 132▒▒▒▒8@qq.com
请登录邮箱, 点击激活链接完成注册, 激活链接在24小时内有效。

请查收邮件　　没有收到邮件?

图2-10　查收邮件界面

（8）进入注册邮箱后，会看到淘宝网发来的邮件，打开该邮件并点击完成注册或链接，如图2-11。

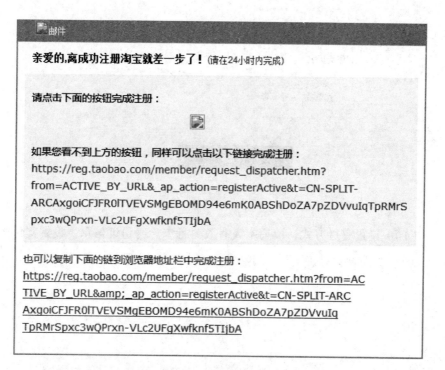

图2-11　注册邮件界面

（9）点击链接后，进入填写账户信息页面，认真填写登录密码、登录名，点击"提交"，如图2-12。

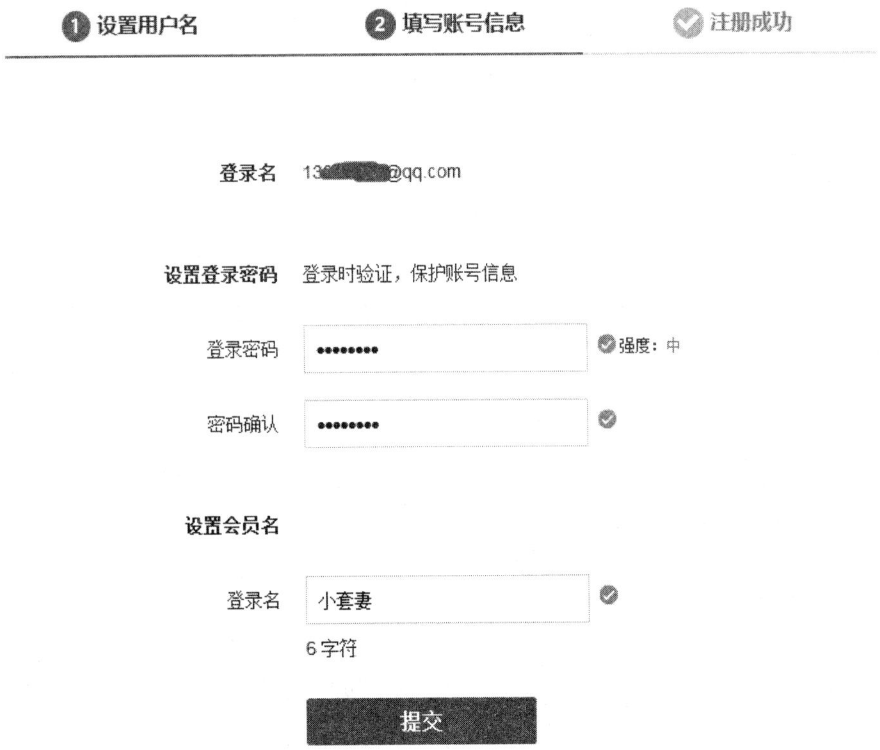

1 设置用户名　　　　　　**2** 填写账号信息　　　　　　✅ 注册成功

登录名　　13█████@qq.com

设置登录密码　登录时验证，保护账号信息

登录密码　　●●●●●●●　　　✅ 强度：中

密码确认　　●●●●●●●　　　✅

设置会员名

登录名　　小套妻　　　　　✅

6字符

提交

图2-12　填写账户信息界面

（10）设置支付方式，填写本人有效银行卡、身份证信息，设置支付密码，点击"同意协议并确定"，淘宝账号注册成功，如图2-13。

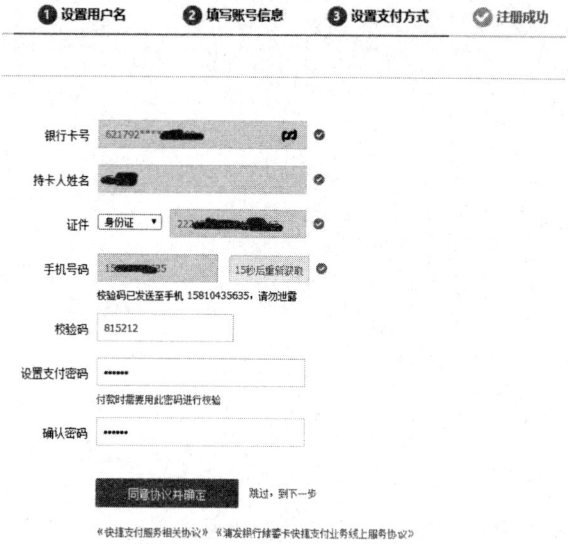

❶ 设置用户名　　**❷ 填写账号信息**　　**❸ 设置支付方式**　　✅ 注册成功

银行卡号　621792****●●●●●　　☑️　✅

持卡人姓名　●●●●　　✅

证件　身份证 ▼　22●●●●●●　✅

手机号码　15●●●●5　　15秒后重新获取　✅

校验码已发送至手机 15810435635，请勿泄露

校验码　815212

设置支付密码　●●●●●●

付款时需要用此密码进行校验

确认密码　●●●●●●

同意协议并确定　　跳过，到下一步

《快捷支付服务相关协议》《浦发银行储蓄卡快捷支付业务线上服务协议》

图2-13　设置支付方式界面

开通支付宝账号

完成淘宝账号注册之后，接下来我们还要注册支付宝账号，并对支付宝账号进行实名认证。只有实名认证的账号才能用来开淘宝网店以及使用支付宝余额支付等功能。

支付宝（中国）网络技术有限公司是我国主流第三方支付平台，支付宝致力于提供"简单、安全、快速"的支付解决方案。下面让我们简单来了解一下支付宝。

支付宝的主要功能

（1）支持余额宝，理财收益随时查看。

（2）支持各种场景关系，群聊、群付更加便捷。

（3）提供本地生活服务，买单打折尽享优惠。

（4）为子女父母建立亲情账户。

（5）可以随时随地查询淘宝账单、账户余额、物流信息。

（6）免费异地跨行转账、信用卡还款、充值以及缴纳各种费用。

支付宝的主要作用

（1）为买卖双方完成安全、快速的网上支付业务，并为买卖双方提供交易资金记录查询和管理。

（2）为用户提供银行账户和支付宝账户之间的资金划转业务，并为用户提供相应资金往来记录查询和管理。

（3）为用户解决后顾之忧，在买家和卖家之间建立起资金互通的桥梁，交易时，买家先把钱打到支付宝，收到货以后，再由支付宝转入卖家账户。这就避免了买家支付后收不到货以及卖家发货后收不到钱的情况发生，使买卖双方都放心。

支付宝的主要优点

（1）交易时，货款由支付宝先行保管，买家收货满意后，才付钱给卖家，安全放心。

（2）网上在线支付，更加方便简单。

（3）付款成功后，卖家立刻发货，快速高效。

（4）交易手续免费办理，经济实惠。

（5）余额支付。支付宝账户内的资金被称为余额，银行卡里的资金可以通过网银和快捷支付进入支付宝账户，使用余额支付时基本没有额度限制，用户可以先充值再付款，同时支付宝余额还支持随时提现，用户可以将余额提现至自己绑定的银行卡。

（6）余额宝。余额宝是支付宝推出的理财服务，用户可以在余额宝获得理财收益。

个人支付宝实名认证需要准备的东西

（1）个人身份证。

（2）银行卡。

（3）手机号码。

企业支付宝认证需要准备的材料

（1）单位营业执照彩色扫描件或数码照片。

（2）组织机构代码证彩色扫描件或数码照片。

（3）对公银行账户（基本账户、一般账户均可）。

（4）法定代表人身份证彩色扫描件或数码照片。

（5）若为代理人申请认证，需额外提供以下两项材料：

①代理人的身份证彩色扫描件或数码照片。

②委托书，委托书上必须盖有单位公章或财务专用章，合同专用章、业务专用章等无效。

个人支付宝注册流程

（1）进入支付宝注册官网https://www.alipay.com，点击"免费注册"，如图2-14所示。

图2-14　支付宝注册官网页面

（2）阅读相关协议条款，点击"同意"选项，如图2-15所示。

图2-15　注册协议条款界面

（3）点击"个人账户"，默认选择"中国大陆"，输入手机号码，获取验证码并输入后，点击"下一步"，如图2-16所示。

图2-16　个人账户信息填写界面

（4）按照提示，填写账户基本信息，注册完成后不可修改，账户信息填写完成后，点击"确定"选项，如图2-17所示。

图2-17　设置身份信息界面

（5）输入银行卡卡号及该卡在银行预留的手机号码，点击"获取校检码"，根据手机信息提示，输入校验码，阅读《快捷支付服务相关协议》，点击"同意协议并确定"，如图2-18所示。

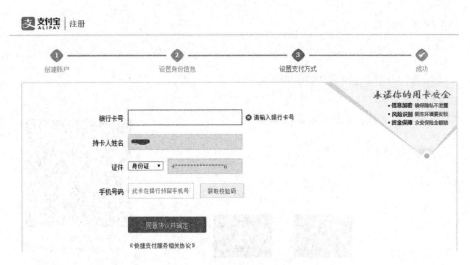

图2-18　设置支付方式界面

（6）支付宝账号注册成功，如图2-19所示。

图2-19　注册成功界面

（7）支付宝账号注册成功后，需要上传本人身份证信息进行实名认证，实名认证之后的账号就具备了开店、银行卡快捷支付以及支付宝余额支付等功能。如图2-20所示。

图2-20　身份验证界面

轻松创建个人网店

做好开店前的各种准备工作之后，我们就可以在淘宝网创建属于自己的网店了。随着淘宝网的不断发展，开店流程也在不断完善和简化，开设个人店铺也更加便捷。

目前，淘宝网将店铺基础设置环节从开店流程中剥离，可以在创建店铺成功后，再去完善店铺的基础信息。下面就让我们看看，怎样在创建完淘宝账号及完成支付宝认证后，创建个人网店。

（1）在地址栏中输入链接"https://www.taobao.com"，进入淘宝网首页，登录淘宝账号，将鼠标移动至右上角"卖家中心"，点击"免费开店"，或者点击右侧"开店"选项。如图2-21所示。

图2-21　淘宝网页面

（2）通过入口进入开店页面，点击"创建个人店铺"选项。如图2-22所示。

图2-22　创建个人店铺界面

（3）进入开店须知页面，点击"我已了解，继续开店"选项。如图2-23所示。

图2-23　开店须知选项界面

（4）进行淘宝开店认证操作，点击"立即认证"选项，如图2-24。

图2-24　开店认证操作界面

（5）点击"立即认证"后，进入淘宝网身份认证页面，点击该页面中的"立即认证"选项，如图2-25。

图2-25　身份证界面

（6）点击"立即认证"后，进入淘宝身份认证资料页面，根据页面提示进行操作，系统会根据你的网络安全做出推荐，如图2-26。

图2-26　身份认证资料界面

（7）淘宝开店认证资料提交后，显示资料审核时间为48小时，请耐心等待。如图2-27所示。

图2-27　认证审核界面

（8）通过审核，淘宝个人网店创建成功，如图2-28所示。

图2-28　网店创建成功界面

　　淘宝个人网店创建流程并不烦琐，新手卖家完全可以根据系统提示，一步步地完成店铺的创建工作。值得注意的是，自己填写的资料，包括账号密码等信息，最好留好备份，以免遗忘造成不必要的麻烦。同时，还要注意保护好自己的身份证件、银行卡等个人信息，以免造成不必要的损失。

开网店需要用到的软件

开网店并不像想象中那么轻松惬意。作为卖家，打理好店铺需要借助一些工具和软件来提高效率，这样我们就能把大部分精力放到店铺推广和产品营销上面。

对于有经验的网店店主而言，开网店不是什么难事，他们对于开店需要哪些工具和软件心里都十分清楚。但对于新手来说，开店之前非常有必要了解一下需要哪些工具和软件，以帮助自己实现高效管理。

千牛——卖家工作台

千牛是阿里巴巴集团官方出品的软件，包含卖家工作台、消息中心、阿里旺旺、量子恒道、订单管理、商品管理等主要功能，在卖家版旺旺的基础上升级而来。目前有两个版本——电脑版和手机版，淘宝卖家和天猫商家均可使用。

千牛软件的核心作用是为卖家整合店铺管理工具、经营咨询信息、商业伙伴关系，借此提升卖家的经营效率，促进彼此之间的合作共赢。下载千牛工作台并安装后，双击打开，输入你的淘宝账号和密码即可登录。

千牛有两种进入方式，一种是工作台模式，另一种是旺旺模式。如果用旺旺模式进入，则与买家下载的旺旺功能相同。

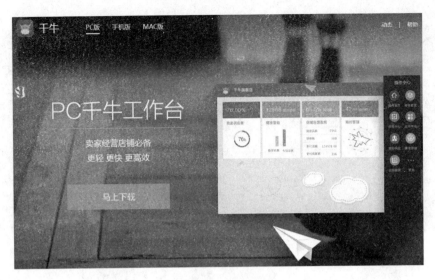

图2-29　千牛下载页面

淘宝助理——产品编辑工具

淘宝助理可以不用登录淘宝网，就直接编辑产品信息，快捷批量完成产品上传。同时，淘宝助理也是上传和管理产品的一个店铺管理工具，帮助卖家编辑产品信息、批量上传产品的同时，提供方便的管理界面。

淘宝助理的基本功能：备份店铺信息、上传新产品、设置产品模板、批量导出产品资料、批量导入产品资料、批量修改产品名称和描述、预设产品上架时间、上传产品图片、离线管理编辑产品信息等。

淘宝卖家助理采用九宫式布局，简洁明了。订单管理、发货管理、宝贝管理、评价管理、店铺动态、会员服务、意见反馈及wap旺旺等功能依次排序，按照轻重缓急优先处理等原则进行排序，便于淘宝店主打理店铺。例如，淘宝店主可以对选中的相同类目的产品进行批量编辑产品属性，可以有选择地编辑产品的部分属性，不影响其他属性，大量节省了手动操作的时间。

随着淘宝助理功能的不断改进和更新，如支持视频、flash等更多强大功能不断推出，让产品动了起来。数据库修复功能，最大化地帮你修复受损的数据库。

电子面单
淘宝提升 库存充裕

子账号
让你安心做用手账号

上传预警
常见冲突 违规风险提前预知

模板管理
快速单全持设计 价需不迷路

图片空间
随心所欲 管理照片

图2-30 淘宝助理下载页面

Adobe Photoshop——个性化店铺装修

Adobe Photoshop，简称"PS"，是由Adobe Systems开发和发行的一款图像处理软件，主要处理由像素构成的数字图像。PS丰富的编修与绘图工具，可以对图片进行有效的编辑工作，在图像、图形、文字、视频等各方面都有涉及。

首先需要下载PS安装包，下载安装包后进行解压，双击解压文件夹中的"Set-up.exe"进行安装，安装过程中会提示输入序列号，如果没有购买，可选择试用，用邮箱注册一个账号即可。图像处理是PS的专长，可以对已有位图图像进行编辑加工处理以及运用一些特殊效果，无论是封面、招贴还是海报，PS软件对图像处理的效果都十分强大。

开网店过程中会有大量的产品图片需要处理，作为一款专业的图片处理工具，PS无疑是最佳选择。而我们对产品图片信息的处理，本身就是要做出自己的特色，将自身理念与产品内涵结合在一起，否则就会与其他店铺雷同，没有自己店铺的特点，也就很难从众多网店中脱颖而出。

图2-31　PS操作界面

总之，能够帮助我们节省时间和精力的软件，都可以尝试。淘宝发展至今，辅助开店的软件种类繁多，远不止上面介绍的这三种。而且，网络时代软件功能更新速度日新月异，新软件也层出不穷，让我们开网店更加省时省力，这就需要我们在经营的过程中不断去探索，去积累经验。

开网店必须寻找好货源

货源是网店生存的生命线，许多人想开网店，却苦于找不到好货源，也不知道怎样去寻找货源。可以说，有没有好货源，直接关系到开网店的成败。

当前，可以卖的东西五花八门，货源也呈多样化。正因如此，想要找到合适的货源就有难度了。下面我们就来分析一下，在淘宝开网店怎样寻找好货源。

从批发市场寻找货源

批发市场是货源的重要来源地，尤其是大型综合批发市场，进价低、品种全，很容易就能找到适合自己的货源。

在批发市场寻找货源时，不要盲目进货，而是要把握好当前市场的定位，对相关产品价格要大致了解，与供货商商谈时，要会讨价还价，不然就会在价格上吃亏。从批发市场拿货，要注意以下几点：

（1）对批发的商品要有详细的报价。

（2）尽可能保证货源都有第一手实物拍摄图片，最好由供货商提供，因为自己拍摄会非常麻烦。如衣服，通常每款衣服都有好几种颜色，而且给衣服拍摄，需要模特穿上拍才有质感。

（3）货源库存数量以及退换货流程也是关键，经常断货或商品积压会给开店带来很大的压力。

从工厂直接进货

从工厂直接进货的优势在于可以找到一手货源，但从工厂进货通常对数量有要求，每一种货最少要拿几十件才可以。新手开店，很难找到这类可靠的货源，网店做大以后，从厂家直接拿货是必然的发展方向。

天猫供销平台

（1）在地址栏输入链接"https://www.taobao.com"，登录淘宝网，点击"我的淘宝"→"买家中心"→"货源中心"。进入货源中心，可以看到阿里进货管理、品牌货源、分销管理等。如图2-32所示。

图2-32　货源中心界面

（2）在地址栏中输入"https://gongxiao.tmall.com"，进入天猫供销平台挑选合适的货源。在这里，可以查看供应商提供的销售模式、招募书，以及招募条件、分销利润、当前库存等。

图2-33 天猫促销平台页面

（3）与供应商建立合作关系，获得产品授权，发布产品。

阿里巴巴采购网

（1）在地址栏输入"https://china.1688.com"，登录阿里巴巴采购网。

图2-34 1688采购网页面

（2）搜索自己想要的产品类目，从价格、供应商、质量等方面进行比较后，做出选择。

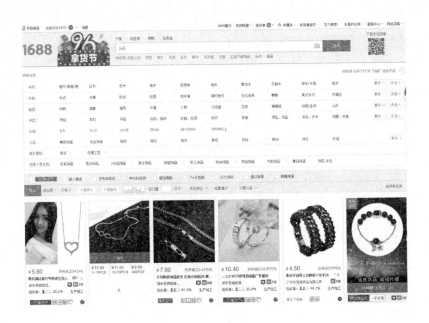

图2-35　1688商品分类界面

（3）查看供应商要求的订货量、价格，是否支持混批，以及物流价格等，然后将商品加入进货单，完成订购。

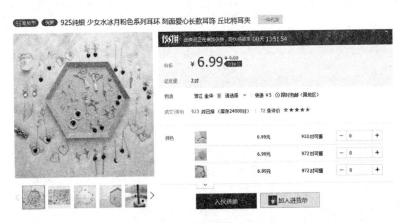

图2-36　单个商品批发界面

总之，在淘宝开店寻找货源是要花费很多心血的。货源的价格和质量可以说是网店生存及赢利的生命线，即便是从厂家进货，你拿到的价格也可能不是最低的。实际上出厂价也是有规定的，有代理商的地方，你去厂家也拿不到最低的价格，因为厂家要保护代理商的利益，厂家不会因为你而得罪他的代理商。

　　另外，在货品选择上，很多人认为，市场上什么好卖就进什么。实际上，跟风经营成熟产品风险更大。如果你想成为一个成功的网店店主，就不能盲目跟风，要用心处理好每一个细节，遇到难题解决难题，每解决一个难题，都是一次经验的积累。

第三章

天猫开店攻略与技巧

　　自从天猫商城独立后，各大品牌与企业纷纷入驻，且成为许多年轻人开店创业的首选。但是，独立后的天猫商城与淘宝有了很大的区别，许多淘宝老卖家在天猫商城也会遇到很多问题。想要在天猫开店创业，必须要对天猫商城的运营规则及开店基本流程有一定的了解。

大学生回乡开网店卖土特产年收入百万

6月7日，又是一年高考时，许多年轻人为进入大学而挥汗如雨，也有许多即将毕业的大学生为找到一份合适的工作而顶着烈日奔波。

在运城市机场大道豪德贸易广场一家正在装修的门店内，有两个为工作奔忙的大学生正紧张地忙碌着，他们一个叫杨少锋，另一个叫杨海军。杨海军在不停地接打手机，杨少锋则在整理店内的物品。两个小伙子都是芮城县靠近黄河的历山村人，从小一起长大，因为学习成绩好，两个人都考上了大学，杨少锋上的是长春金融学院，杨海军上的则是西南交通大学。

现在两个人是合作伙伴，他们虽然创业仅仅两年多，但是已经有了上百万的年收入。

杨海军不太爱说话，杨少锋则掸掸衣襟上沾着的尘土，说起了他们的大学生活，他们毕业后的经历，以及现在开网店卖土特产的生意。

"自讨苦吃"的大学生活

2002年，农家少年杨少锋来到长春金融学院就读。上大学的目的是什么？杨少锋说，自己从一进入大学就在考虑这个问题，后来想通了，大学除了学知识、长见识外，就是历练。所以，杨少锋的大学生涯几乎一直在"自讨苦吃"。

从大二起,杨少锋每天凌晨3点起床,骑将近1个小时的自行车到广告公司领报纸,然后挨家挨户送报纸,风雨无阻。除此之外,课余时间他也不闲着,一直是学校社团组织的活跃分子。"那时虽然很辛苦,但是觉得很充实、很快乐。就拿送报纸来说,那不仅仅是一个体力活儿,最主要的是,我积累了人际交往方面的好多经验。"杨少锋说,"年轻是资本,但是年轻时一定要多吃点苦,不然以后会后悔的。"

2006年3月,即将毕业的时候,杨少锋开始了一个新的尝试。"那时我和同学受到百度搜索引擎的启发,决定研发一个搜索引擎,当时北京奥运会正在筹备中,我们的想法是,让外国人通过我们自己研发的网站快速了解中国的体育和人文。"杨少锋说。

这次创业最后以失败收场,但是激发了杨少锋对网络的兴趣,他为此还有幸加入了被称为"东北大学生创业第一人"的董一萌的团队,在那里他不但学到了很多实用的本领,而且结交了网络界的高才生,为他以后的创业之路奠定了基础。

不断寻找合适的职业

2006年7月,杨少锋毕业离校。对于大多数大学生来说,毕业后找一份和自己专业对口的工作是一件惬意的事。杨少锋学的是金融专业,他的同学多数选择了在银行或国有企业上班。

杨少锋说他自己当时在长春找一份工作也比较容易,但是他很想看看不同于长春的世界,就辗转来到了江南,在杭州一家木业公司找到了工作。凭着踏实能吃苦,杨少锋一开始的业绩就很不错,很快当上了主管,然而,仅仅几个月后,他选择了跳槽。"那个公司收入不错,给我的岗位也不错,但员工相对老龄化,感觉不到朝气和活力,公司的规定我也觉得有些死板。这不是我想要的工作环境。"杨少锋说。

这时，一家著名的电子商务公司正在招人，对网络本来就感兴趣的杨少锋毅然辞职来到了该公司求职。"那天天气很热，其他求职人员都穿着短袖，而我却一直穿着从长春带来的长袖，因为那时身上的钱已经花得所剩无几，我又不好意思开口向家里要钱。我想既然走出去了就要靠自己，不想再靠家里资助了。"杨少锋说。

在公司里，杨少锋学到了很多知识和技巧，也结识了很多朋友。由于他的踏实、肯干、能吃苦，杨少锋很快又被提升为主管，而且他的想法和见解比较独特，很多都被领导采纳了。在当主管期间，他所在的部门成绩突出，很多时候其他部门都以他的部门为"标兵"。

2008年，受到金融危机的冲击，杨少锋的业绩也在不断下滑，看到短时间内无法改变，无奈之下，杨少锋再次辞职，辗转到北京，又在一家大型国企当上了客户主管。

有一份体面的工作，刚开始时，杨少锋很自豪，但过了不久，他发现自己还是不适应。杨少锋说："我可能一直渴望自己创业。经过毕业后几年的打拼，我觉得自己的经验和能力到了可以独立创业的时候了，要不体现不了我的价值。我开始琢磨干点什么好，想来想去，就是开个网店。"

回乡后拉朋友入伙

2009年下半年，杨少锋回到了芮城老家。当时，杨海军恰巧回家探望父母。

童年的伙伴聚到一起，坐下来聊过去，聊将来。杨少锋开始给杨海军"洗脑"："现在是经济时代、网络时代，网上购物已经成为一种趋势，咱哥俩在外漂了这么多年也该干点什么了，不如一起开个网店吧！"

对于杨少锋讲的开网店，杨海军并不是很了解，他问："咱们在上面卖什么呢？"

杨少锋说："卖咱们村的东西，现在城市里生活的人特别注重保健养生，对于原生态的东西也特别感兴趣，咱们就从这方面着手。咱们村好东西不少，环境又好，尤其是野菜山货，都是绿色无公害产品，可是咱们村的人只知道挑出去、拉出去卖，就是弄到县城也没有多少人稀罕，既费劲又不挣钱。咱们收回来，在网上进行销售，一定能行。"

杨少锋让杨海军好好考虑考虑。很快，杨海军就给了杨少峰答复：入伙！

对于杨海军的加入，杨少锋特别高兴："海军看着话不多，但脑子灵活，有点子，他可是当年我们县的高考状元，西南交通大学毕业后在上海、苏州等地工作，很了不起。"

说干就干，两个人做了一次市场调查，在网上注册了一个叫"原春味"的网店。一开始，他们试着把自家的枣、花生、绿豆，还有野花、野菜等几种产品的介绍和图片放到了网上，没想到第一天就有了订单。

杨少锋讲，他的第一个订单是小野花，当时看到有订单别提有多高兴了，他赶忙用袋子包好，骑了20多分钟摩托车到县里的快递公司邮给买家。

接着又有了惊喜，当时全国市场紧缺绿豆，买家看到他们网店有绿豆，就向他们大批量订购。哥俩这回可忙了起来，白天在本村以及周围村子挨家挨户收绿豆，晚上和家人一起挑拣和筛选，第二天发货。几个月下来，哥俩瘦了一大圈，但收入也多了起来。

转动脑子解决难题

眼看着生意一天天好起来，问题也随之产生了。开网店货源至关重要，但是农产品有季节性，杨少锋的网店不断出现缺货、断货的情况，满足不了客户的需求，有的农产品不易保存，卖不掉只能白白扔掉，造成不小的损失。另外，他们的店铺资金周转不灵，人手也紧缺，物流渠道也不畅通。

面对一大堆问题，两个小伙子一时间摸不着头脑，偶尔还会发生争执，但从来没有提出过要放弃。没钱了，放下架子，向亲戚朋友借，并保证一定尽快还上。人手不够，就把村里闲着的人拉过来帮忙，给他们发工资。

针对货源问题，他们可下了不少功夫，跑遍了周围的十里八村收购货物，还把自家的院子和房子改成了储存仓库，对于不易储存的，把它们腌制起来同样可以放到店铺里卖。就这样，两个人遇到问题解决问题，一起研究，一起开拓市场，店里的产品数量从最初的十几个品种做到了现在的八十几个品种，每天的订单数量也从几十单增加到上百单。现在他们的农产品发往全国各地，深圳、广州、香港的买家居多，而且对他们的评价也很高，有的买家还把他们的槐花、蒲公英等特色产品带到了日本，让日本人也品尝了他们家乡的野味。

现在哥俩的生意做大了，收入节节攀升。他们还找了十几个老乡帮忙整理打包，每人每年可以挣到1.5万元左右，村里的几家农户还和他们签订了合同，在自家的地里种上他们需要的品种，然后哥俩来收购，收购的价格也相当可观。这样既给村民们带来了额外的收入，又解决了货源问题。

杨少锋说："我们会经常教乡亲们使用电脑，让他们通过电脑学习农业生产知识，想办法使乡亲们的农产品增值。"

为了提高供货效率，他们把仓库搬到了离物流公司较近的豪德贸易广场。现在他们正在装修自己的公司，招兵买马。"认准目标，坚持下去，就会走向成功。这是我和即将进入大学以及正在找工作的学弟学妹们分享的一点人生经验。"杨少锋说。

天猫商城开店规则与区别

淘宝开店门槛较低，没有太多硬性要求，也不需要太多资金。天猫开店则需要一定的经济基础，而且要求比较严格。

在淘宝开店好呢，还是在天猫开店好呢？如果新手卖家想要开店创业，但是不知道选择哪个平台，首先就非常有必要了解一下淘宝网与天猫商城的区别。

淘宝网与天猫商城的区别

（1）淘宝网上任何人都可以开店，在天猫商城开店则需要注册公司；淘宝网店消费者保证金可以自愿缴纳，入驻天猫商城则必须至少缴纳1万元的保证金。

（2）天猫商城属于B2C综合性购物平台，是商家对客户的交易平台，淘宝网则是亚太最大的网络零售商圈，典型的C2C个人网上交易平台。

（3）天猫商城的商家必须缴纳年费，淘宝网则没有此项费用，开店费用主要是保证金及推广费等。入驻天猫商城需要进行严格的审核，开设淘宝网店则只需要简单的身份认证即可。

（4）天猫商城采用店铺动态评分体系，通过对产品与描述相符、卖家服务态度、卖家发货速度、物流公司服务4项动态指标来评判店铺。淘宝网除了店铺动态评分之外，还有一个很重要的卖家信用评分体系，目前有心、蓝钻、蓝冠、金冠4个等级。

天猫网店在搜索排名中占据天然优势，但开店费用相对较高。选择开店之前，应该详细了解一下两者的区别，根据自身实际情况，合理地选择。天猫商城更加注重品牌与品质，淘宝网店做大，创立自己的品牌后，进驻天猫商城是必由之路。

天猫商城的规则

1. 正品保障

商家不得销售假货及非原厂正品商品，一旦发现出售假货或非原厂正品商品时，淘宝有权立即终止协议。

"正品保障"是天猫商家必须承担的服务内容，当买家使用支付宝服务购买商家的商品时，如果买家认定已购商品为假货，则有权在交易成功后14天内按本规则及淘宝其他公示规则的规定，向淘宝发起针对该商家的投诉，并申请"正品保障"赔付。

申请赔付金额以《中华人民共和国产品质量法》《中华人民共和国消费者权益保护法》及其他法规、部门规章和国家强制性标准规定的该类商品售假赔付金额为限。

（1）"正品保障"赔付申请条件。

①买家提出赔付申请所指向的卖家是天猫商家。

②买家的赔付申请符合相关法律法规的规定。

③赔付申请金额仅以《中华人民共和国产品质量法》《中华人民共和国消费者权益保护法》及其他法规、部门规章和国家强制性标准规定的售假赔付金额及邮费（含投诉商品回邮邮费）为限。

④买家"正品保障"赔付申请应在交易成功后14天内提出。

（2）"正品保障"赔付申请流程。

①消费者在满足以上赔付申请条件的前提下，可以在"我的淘宝—已买到

的宝贝"页面通过保障卡通道向淘宝发起"正品保障"赔付申请，并注明理由。

随心淘气,尊享以下特权

会买，会玩，会生活。
凭淘气值，可以享受以下特权！

图3-1　淘宝用户特权界面

②收到买家"正品保障"赔付申请后，淘宝有权根据协调情况要求交易双方提供必要证明，并确认及判定。淘宝根据相关规则判定买家"正品保障"赔付申请成立，则有权通知支付宝公司从商家的支付宝账户中直接划扣商家保证金，退还买家的相应款项，并退还买家购买该商品所使用的相应积分。

2. 卖家义务及处理办法

（1）淘宝受理买家"正品保障"赔付申请后，卖家需积极配合，并根据淘宝的要求在规定时间内提供相关证明。

（2）如果卖家能有效证明其商品为原厂正品商品，淘宝将退回买家"正品保障"赔付申请。

（3）如果商家在规定时间内不能提供相关证明或提供的相关证明无效，则淘宝有权通知支付宝公司从商家的支付宝账户中直接划扣商家保证金退还买家相应款项，并退还买家相应积分，同时，淘宝有权根据约定终止与商家之间的协议。

　　2015年11月，天猫携手蚂蚁金服与中国人寿保险等保险公司推出"天猫正品保证险""天猫品质保证险"等一系列普惠保险项目，消费者在天猫平台购买到假冒商品，将无条件获得退货、退款支持，并可以获得4倍赔偿。天猫查实商家出售假冒商品的行为后，除扣除保证金外，还将对涉事商家做出关店、摘牌等一系列严厉处罚。

天猫商城开店的基本流程

天猫商城是目前亚洲最大的综合性购物平台，拥有超过10万户的品牌商家，已经成为我国线上购物的地标性网站，吸引了更多商家踊跃入驻。

入驻天猫的卖家必须是在中国大陆注册的企业，包括法人和合伙企业，必须持有相应的企业营业执照。申请入驻天猫的品牌必须在中国商标局申请注册文字商标，持有国家商标总局颁发的商标注册证或商标注册申请受理通知书。

入驻天猫商城的具体操作流程

图3-2　入驻流程界面

1. **申请企业支付宝账号，且通过商家认证**

（1）申请企业支付宝账号。输入网址"www.alipay.com"，点击注册，选择企业。

（2）通过支付宝商家认证。查看申请商家认证的操作流程，这一步骤需要3~7个工作日，期间如有问题，可以随时致电支付宝客服电话95188。

（3）注意事项。天猫要求的支付宝账号必须是一个全新的账号，不能绑定任何淘宝会员ID，如果已经拥有了一个经过商家认证的公司账号，但不符合天猫的要求，可以重新申请一个账户，无须再重复进行一次商家认证。

2. **登录在线申请页面**

（1）登录天猫招商频道，点击"立即入驻天猫"，并阅读入驻须知。

（2）检测支付宝账户。支付宝账号通过检测后，请勿将此支付宝与任何淘宝账号绑定，店铺成功上线后系统会自动将此账号与天猫账号绑定。

（3）阅读淘宝规则并完成考试。

3. **提交企业信息**

（1）填写公司申请信息，并上传相关的企业资质和品牌资质。

（2）确定天猫的店铺名称及域名，了解天猫店铺命名规范。

（3）签订服务协议、线上支付服务协议及签署支付宝代扣协议。

4. **等待审核**

（1）提交申请，天猫工作人员7个工作日内完成审核。

（2）用天猫账号登录"我的淘宝—我是卖家—天猫服务专区"，在15天内缴纳保证金/技术服务年费，逾期操作，本次申请将作废。

5. **发布商品、店铺上线**

（1）用天猫账号登录"我的淘宝—我是卖家—天猫服务专区"，点击"发布商品"，根据页面提示，在30天内发布符合规定数量的商品。逾期操作，本次申请将作废。

（2）点击"下一步，店铺上线"，店铺正式入驻天猫。

天猫开店的入驻须知

入驻天猫之前，非常有必要了解天猫开店的一些必要条件和其他规定，以减少入驻时不必要的麻烦。

（1）天猫未授权任何机构进行代理招商，入驻申请流程及相关收费说明都以天猫官方招商页为准。

（2）天猫有权根据包括但不仅限于品牌需求、公司经营状况、服务水平等其他因素退回客户的申请。天猫有权在申请入驻以及后续经营阶段要求客户提供其他资质，天猫将结合各行业发展动态、国家相关规定以及消费者购买需求，不定期更新招商标准。

（3）客户必须确保申请入驻及后续经营阶段提供的相关资质的真实性，一旦发现虚假资质，将会被列入非诚信客户名单，天猫将不再与之进行合作。

（4）天猫暂不接受个体工商户的入驻申请，也不接受非中国大陆企业的入驻申请。

（5）天猫暂不接受未取得国家商标总局颁发的商标注册证或者商标受理通知书的品牌开店申请（部分类目的进口商品除外），也不接受纯图形类商标的入驻申请。

入驻天猫商城的店铺类型

天猫商城是现在很多创业者网上开店的首选，作为一个普通的商家，入驻前必须要了解天猫店铺有哪些类型，开店需要多少成本。正所谓知己知彼，才能百战不殆。

入驻天猫的店铺类型主要分为三种，分别是旗舰店、专卖店及专营店。这三种类型的店铺具体要求分别是什么呢？下面就让我们一起来了解一下。

旗舰店

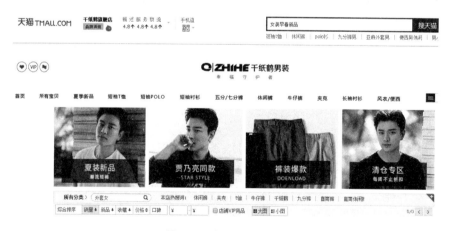

图3-3　天猫旗舰店页面

旗舰店指商家以自有品牌（商标为R或者TM状态）入驻天猫而开设的店铺。旗舰店主要有以下3种类型：

（1）经营一个自有品牌商品的品牌旗舰店。

（2）经营多个自有品牌商品，并且各品牌归同一实际控制人的品牌旗舰店（仅限于天猫主动邀请入驻）。

（3）卖场性品牌（服务类商标）所有者开设的品牌旗舰店（仅限于天猫主动邀请入驻）。

旗舰店开店主体必须是品牌（商标）权利人或持有权利人出具的开设天猫品牌旗舰店独占授权文件的企业。

专卖店

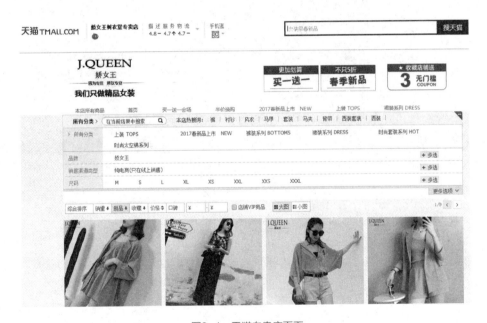

图3-4　天猫专卖店页面

专卖店指的是商家持品牌授权文件在天猫开设的店铺，主要有以下2种类型：

（1）经营一个授权销售品牌商品的专卖店。

（2）经营多个授权销售品牌商品并且各品牌归同一实际控制人的专卖店（仅限于天猫主动邀请入驻）。

专营店

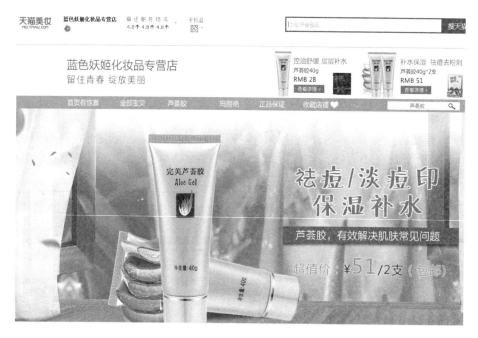

图3-5　天猫专营店界面

专营店指的是经营天猫同一招商大类下，两个及以上品牌商品的店铺。专营店主要有以下3种类型：

（1）经营两个及以上他人品牌商品的专营店。

（2）既经营他人品牌又经营自有品牌商品的专营店。

（3）经营两个及以上自有品牌商品的专营店。

天猫商城新店的引流思路

无论是天猫店还是淘宝店，新店开张后，流量都是关键的问题，解决自然流量问题一直是困扰新店的难题。想要快速提高店铺流量办法有很多，比如，直通车、钻展、淘宝客等推广方法。

这一节，我们不探讨推广方法，只讲一些天猫新店的开店策略和实战技巧，从思路和改进方法层面去解决根本性问题。如果开店方向一开始就是错的，那么再下大力气推广，就是浪费时间和金钱。

提高店铺的装修档次

无论是天猫店还是淘宝店，店铺装修都是开店的基础，店铺装修的好坏直接影响着店铺能否快速成长。店铺首页就相当于实体店的门面，高档次的门面才能获得更多买家的关注。我们都知道这样一个道理，同样的产品放在不同档次装修的店铺里，销量往往也会不一样。高质量的装修不仅能有效促进成交，提高店铺的权重，还会拉高店铺的自然流量。

因此，天猫新店想要引爆流量，首先要做的就是根据产品定位做好店铺的装修，根据引流情况，随时做出调整。

做好SEO优化

一个优秀的天猫店铺，自然流量占据店铺总流量的70%～80%，而SEO可以为店铺带来更多的自然流量。SEO最主要的工作就是优化产品标题，找出符合买家搜索的习惯，并且设计出能够展现产品全貌，体现产品卖点的主图。

同时，还要结合产品上下架时间，合理利用好橱窗推荐位，提高产品的权重，让产品获得更好的展现，店铺流量自然也就提高了。

利用好直通车推广

直通车推广是淘宝、天猫网店最有效的推广方式，可以为产品带来非常精准的流量。新店开业，可以选择几款具有潜力的产品做直通车重点推广。天猫新店进行推广常见的主要有以下四种思路：

（1）推广店内分类页面。

（2）推广宝贝集合页面。

（3）推广店内促销活动页面。

（4）推广店内导航页面。

另外，还要做好移动端推广。目前，通过手机购物的消费者越来越多。所以，做好移动端推广，为店铺带来的流量也是十分可观的。

天猫店推广引流思路

（1）销售旺季，在保证效果的前提下，推广要大力投放。

（2）最大限度降低平均点击花费时间，引进最大流量。

（3）设置好产品上下架时间，保证产品在新品扶持期的排名权重。

（4）多与客户沟通，保证买家的晒图率。

（5）在保证店铺转化率的情况下，通过直通车注入基础流量。

（6）针对转化好的关键词，大力去推广。

（7）不断测图换图，编辑更好的创意。

后期改进方向

（1）控制时间折扣，针对成交不错的时间段大力投放合理分配。

（2）对表现不好的词和地域进行删减，留下最精准的数据。

（3）控制每天的日限额，花少量的钱获得最好的数据。

（4）多跟客户交流，时刻了解店铺的动态。

（5）多研究分析同行业巨头的操作方向。

总之，天猫开店尽量选择需求大、竞争小的品类。对于新店而言，在投入方面，小卖家是无法和大企业进行竞争的。

天猫新店运营思路及策略

淘宝、天猫的规则一直处于不断变化中，竞争环境及消费需求也在不断变化，想要在天猫开店，就要不断地学习，否则就会被激烈的竞争淘汰出局。即便你当前做到了同类第一，如果跟不上形势的发展，拥抱变化，依然会很快被淘汰。

现在，网络、书籍上都有很多开店教程、运营方法，许多人看了这些教程和方法后，便信心满满地去开店，实践后才发现，开店并非说的那么简单，这是为什么呢？

开店见光死的原因分析

（1）没有摆正心态。经营网店要耐得住寂寞，不要幻想一周打造爆款，一个月营业额几十万元。一旦内心浮躁，就会追求短期利益，舍本逐末。开网店，能否让自己的心静下来，用心去做是关键，点滴的积累才会赢得最终的爆发。

（2）任何教程与方法，都需要时间和实践去验证，没有一招通杀的办法。

（3）任何方法，只有结合自身实际情况才会有效，有人说方法是相通的，但很多人不知道还有个词叫"融会贯通"。

（4）朝令夕改是大忌。今天看到这个方法好用，用一下，明天看到那个方法不错，又用一下，反反复复，最终连基本的经营思路都没有，店铺怎么能生存得下去？

天猫店铺战略性思路

许多网店店主都只注重运营技巧，很少关注战略性层面，他们认为战略思路都是一些假大空的东西，不实用。实际上，在经营网店的过程中，很多时候战略性思路比任何技巧都重要，下面我们从两个方面来进行分析：

1. 有知名度类产品

（1）批发战略，薄利多销。依靠品牌知名度和超高的性价比，专做批发生意。优势在于省时省力，不用投入太多营销资源。缺点在于品牌类产品厂家一般都会打压低价，低价营销并非长久经营策略，不建议长期使用。

（2）服务战略。面对相同产品、相同价位的竞争，通过极致的服务增加产品附加值，与竞争对手形成差异化。优势在于能提升顾客的购物体验，有利于长久经营，避免了恶性竞争，利润又能得到保障。缺点在于服务模式很容易被复制，极致、特色、不可复制是制胜的关键。

（3）区域战略。淘宝、天猫面向全国，甚至是全球，如果新店定位消费者群体为全国，那么也就意味着你的竞争对手也遍及全国。因此，不妨利用自己的地理优势，专注于某一区域，将这片区域做活、做大。这一策略的优势在于避免了过度竞争，缺点在于市场变小了，一定程度上将区域外的消费者屏蔽了。

（4）内容战略。在产品与服务都相差无几的情况下，谁的店铺更有内容，更有意思，谁得到的关注就会越多。这一战略的优势在于能把握未来趋势，增加顾客的黏性，利于店铺定位和品牌形象等多维度的发展。缺点在于实施难度大，需要耗费大量的时间和精力。

2. 没有知名度类产品

（1）精品化战略。没有知名度，用质量说话，产品质量永远是销售最坚实的基础。这一战略优势在于利于长期发展，也是突围的必要条件，缺点在于初期定位要准确，后期需要持续投入。

（2）小而美战略。做出自身的特色与个性，只为特定群体服务，培养铁杆粉丝，与兴趣爱好结合起来经营。优势在于不用花大力气去营销，专心做产品就好，缺点在于小而美不是人人都能玩得转的。

（3）网红战略。如果自己的产品有个性、有特色，不妨尝试一下直播，靠自己的名气和感染力去经营自己的店铺。优势在于营销成本低，小投入大产出，缺点在于产品不好容易砸招牌。

（4）线上线下结合战略。如果能发挥地域优势，做到线上与线下结合，也是很好的选择。优势在于这一战略转化率高、回头率高，口碑传播效果好，缺点在于工作量大，时间成本高。

总之，天猫开店与淘宝开店相比，需要投入更多的资金、人力和物力成本，需要潜心经营。付出与回报总是相对的，不要妄图天天出爆品。所谓爆品，不过是各种因素不断综合与积累到爆点后，顺其自然引爆了市场而已。

第四章

店铺装修与店铺定位

淘宝、天猫开店，首重装修。对于初次涉足网店的新手而言，店铺的装修可是一笔不小的投资。本章就从新店装修的基础知识和需要把握的重点，分析一下无经验、无成本怎样打造一个精致漂亮的店铺门面。

游戏宅男淘宝创业，转换经营思路终获成功

1988年出生的江苏省泗洪县男孩陈成从游戏宅男到天猫大卖家，创造了让人不可思议的淘宝营销战绩，2013年，他的天猫店销售额达1250万元。陈成开的是一家波司登羽绒服专卖店，说起自己的创业经历，他的语气里有笃定，也充满了神奇。

为母打工——游戏宅男瞄准创业

2007年高中毕业后，因为家庭变故，为了照顾妹妹，减轻家庭的负担，陈成只上了半年的大学，就辍学到母亲在盱眙开的羽绒服店里打工。

陈成说，从没想过自己的人生会和创业沾上边："我妈当时一个月给我800元的工资，我从小就爱打游戏，即使到店里帮忙，我也是一边打游戏一边收银。"

2008年的一天，陈成母亲的好友潘伯伯走进店里，看到他正在打游戏，随口说了一句："你儿子这么喜欢打游戏，怎么不去做淘宝呢？"正是这句话，让陈成印象深刻，在潘伯伯走后，他脑子里一直在想"淘宝"的事情。陈成觉得母亲总有一天会老去，自己总有一天要承担起家庭的重担，于是他开始琢磨起网上开淘宝店这件事。"妈妈的羽绒服店就是我最好的货源，但是我害怕被骗，于是花了两个月左右的时间进行了

调查和研究。"陈成说。

营销成功——获邀加入天猫商城

2008年9月，陈成的淘宝店正式开张。"开淘宝店和实体店不一样，我不能卖得太贵，只是在进价的基础上加了30元。但就是这样，等了三天也没有一单生意。"头一个月，陈成的淘宝店生意可以用经营惨淡来形容。差不多一周才有一单生意，后来好一些，但一天也只有两三单。

陈成说，他的第一单生意是发货到新疆，算了算除去运费还倒贴了钱，但他还是很开心，因为终于能把货卖出去了。有了第一单，就想能有第二单就好了；有了第二单，就想能有五单十单就好了。就这样，陈成的淘宝店逐渐走上了正轨。

2008年年底，陈成淘宝店的净利润达到了8万元。短短半年的时间，让他获得了一笔不小的收入。与此同时，由于陈成淘宝店的热卖，把波司登仓库里的一款货品全部提空了，也引起了波司登总公司的重视。

2009年，陈成从母亲的羽绒服店辞职，选择回到泗洪老家继续在淘宝上卖羽绒服。一个人忙不过来，他就召集亲戚朋友加入。

随着淘宝店的生意越来越好，波司登电子商务商城主动邀请陈成加入天猫商城。

谈及以后——希望能开更多网店

2010年，陈成的"波司登乐买事专卖店"在天猫商城正式营业了。为更好地吸引顾客，陈成除了卖羽绒服，也附带卖一些配件，如羽绒背心、羽绒裤、打底裤等。

陈成发现，女性对打底裤的需求越来越大，街上的女孩穿打底裤的也越来越多。"购进一件羽绒服成本高利润低，相比之下打底裤成本要低很多，为什么不能主打打底裤，而且市场也有这个需求。也许打底裤能给我带来更大的商机。"带着这个想法，陈成把淘宝店重新装修了一下，将主页换成以宣传打底裤为主。为了打开市场，陈成根据顾客消费的金额，免费赠送打底裤。渐渐地，有顾客来询问卖不卖打底裤，这让陈成又赚了一笔可观的收入。

陈成透露，在主营打底裤后，店里每天的订单量最多达到300单，这让他欣喜不已。而仅2013年11月11日当天，店里就销售了25 000单，销售额达到350万元，2013年全年的销售额达1250万元。

说起现在的想法，陈成却用"茫然"来形容。因为他觉得，自己的网店还不够成熟，什么事情都需要自己去做，他急需建立一个比较独立的团队，这样他就可以去做更多自己想做的事情。谈及以后的打算，陈成说，这个网店只是开始，他希望能够开更多的网店，利用电子商务这一优势，把自己的事业做得更大。

淘宝店铺装修技巧

电子商务的高速发展及网络的普及，给年轻人创造了非常好的创业平台，越来越多的人选择在淘宝或天猫开一家属于自己的网店。和实体店一样，网店也需要装修，装修精致的店铺，才更容易吸引顾客。

正所谓开店容易经营难，怎样才能让自己的网店吸引更多人，得到更多的流量呢？其中最重要的一点就是要做好网店的装修。下面，我们就来探讨一下淘宝、天猫网店的装修。

网店装修的意义

网店装修指的是卖家对自己所拥有的网店店铺进行装修美化的一种在线编辑方式。店铺装修的目的是通过提高店铺外观形象来提升店铺的知名度、顾客回头率，以及提高产品的销售量。

在淘宝、天猫开店之后，卖家可以获得一个属于自己的空间。类似于传统店铺，为了保证正常营业、吸引顾客等需要，就要对店铺进行相应的装修，装修的主要内容包括店标设计、产品分类、产品推荐、店铺风格等。

与实体店不同的是，淘宝店铺装修是网页设计师结合店铺销售的商品内容，通过平面设计并制作成网页模板，使商品与模板达成统一后，再通过店铺的装修功能，将制作的模板安装到店铺并使用。网店装修的好坏，直接影响着消费者的第一感觉及成交率。

淘宝店铺装修基础知识

1. 基本设置

登录淘宝网，依次打开"我的淘宝—我是卖家—管理我的店铺"，在左侧"店铺管理"中点击"基本设置"。页面打开后，店主可以修改店铺名、店铺类目、店铺介绍，主营项目要手动输入，单击"预览"按钮可以查看到效果。

2. 宝贝分类

对宝贝进行分类是为了方便买家查找。打开"管理我的店铺"页面，在左侧点击"宝贝分类"按钮，输入新分类名称，例如，"帆布鞋"，并输入排序号，单击"确定"按钮即可添加。单击对应分类后面的"宝贝列表"按钮，可以通过搜索关键字来添加发布的宝贝，进行分类管理。

3. 推荐宝贝

利用淘宝的"推荐宝贝"功能，可以选择最有潜力的6件宝贝，在店铺的明显位置进行展示。具体操作为，打开"管理我的店铺"页面，在左侧点击"推荐宝贝"，在打开的页面中选择推荐的宝贝，单击"推荐"按钮即可。

4. 店铺风格

销售不同产品的店铺应该采取不同的装修风格，以满足所针对消费群体的喜好。店铺经过简单装修之后，一个焕然一新的店铺页面就出现了。

上面介绍的都是店铺装修的基础操作，如非专业设计人员，想要达到好的装修效果，建议去购买装修模板，目前网上各种各样的装修模板应有尽有，而且价格也不贵。

店铺装修基础技巧

1. 装修要符合自身网店风格及产品特点

网店产品类目决定了装修风格，例如，做女装，首先要明确自己的产品定位是少女型、熟女型，还是妈妈型的，然后再选择适合的风格。类目要清晰，主次要分明，简单说就是，让买家一看就知道你是卖什么的。主打哪一款，就将这一款放在最抢眼的地方。

2. 根据宝贝上新、季节及优惠调整装修

找到好的模板可以时常转换一下风格，让网店时刻保持新鲜感，以免消费者出现视觉疲劳。卖家也可以根据季节变化来设计装修风格。例如，春天可以以绿色为主，夏天可以呈现出色彩缤纷的活力，秋天可以以黄色为主，冬天可以选择一些深色系的风格。

3. 设计自己的专属风格

装修有特色的网店才能让消费者过目不忘。现在年轻的消费者都喜欢追求个性化，不再像以前那样跟风。

4. 与时俱进，拥抱变化

店铺装修做到与时俱进才能吸引消费者的目光。例如，淘宝的新规则、新动态，都可以融合到自己的网店装修中，变成自己店铺的亮点。

总之，想要做好网店的装修，就要做到贴合实际、突出主题、设计独特、与时俱进、拥抱变化。只有装修出一个具有自己特色的网店，才能吸引大众的目光，提高店铺的流量，进而转化为更多的销量。

店铺装修首页设计思路

　　许多淘宝新手在店铺装修时都将装修重点放在详情页面上，却忽略了首页的优化，认为只要将产品按照类别简单堆积好就可以了。要知道，一个不花心思设计的首页是无法吸引消费者目光的。

　　网店首页可是个寸土寸金的地方，优秀的网店首页设计，可以让用户尽快找到自己喜欢的产品，并且有兴趣去看单品页内容。因此，一定要重视首页装修，掌握一定的装修技巧。首页装修最重要的地方就是前三屏，如果网店产品不多，做好前三屏就足够了，首页太长反而会影响网页打开的速度。下面，我们就来介绍一下首页装修的技巧。

首页第一屏：画龙点睛

　　"第一屏"指的是店铺首页电脑视图呈现给消费者的第一屏幕，也就是消费者在不用滚动条的情况下能够看到的浏览画面。每滚动一次鼠标滑轮就是一屏，以此类推为"第二屏""第三屏"……

　　首页第一屏的装修要点在于给消费者留下深刻的第一印象，通过第一感官抓住消费者的眼球，只有这样，消费者才会继续看下去。第一屏的主要内容一般为：店招、导航栏和滚屏海报等。

1. 店招，简约不简单

店招就是店铺的招牌，店招信息不宜过多，应以品牌为主，结合店铺经营类目、品牌调性、总体套色等几方面进行设计。

2. 导航栏，清晰明了

首页的作用是将流量合理地分配给主推的产品详情页，引导消费者找到所需产品，并最终完成订单。因此，导航在首页中的主要作用就是分类引导。

需要注意的是，按照消费者的观看习惯，导航栏中从左到右的前三个区块是重中之重，消费者看得最多的就是前三个区块。因此，店铺装修要将希望消费者点击的页面链接放置在前三个导航区块内。

如果三个不够，你有更多不想舍弃的区块内容想要展现给消费者，那么可以尝试用一些小而精的图标、标签或者较亮的颜色将其做出区别，引起消费者的注意。但是要注意，导航栏的信息区块尽量不要多于8个，其中包括首页点击功能区块。

3. 滚屏海报，呼之欲出

滚屏海报就是视觉炸弹，要给消费者眼前一亮的感觉，滚屏海报的数量以3张为宜，做到丰富内容的同时，又在消费者阅读新鲜感和视觉耐性范围内。滚屏过多容易失去吸引力。

首页第二屏：各显神通

第二屏信息通常为店铺活动或产品主推，可以根据自身产品的特色，选择多个活动点各显神通，进行连环出击。排版不要用单一刻板的画面排列，而要尽量让活动内容丰富多彩，能够让消费者迅速找到自己关注的"热点"。

第二屏的产品推荐中要对产品卖点及功能进行提炼展示，而不是铺货展示，产品缺乏亮点就会浪费绝佳的展示机会。

首页第三屏：琳琅满目

第三屏一般用来全面展示产品分类。因此，首页第三屏设计要根据自身情况来定。分类展示不需要用固定的格式，可以根据店铺营销需求及自身产品的特色进行设计。可适当增加活动、价格优惠等内容，以增加消费者的购买率。

总之，首页设计总体长度建议不要超过8屏，过长的页面容易造成视觉疲劳，选择困难，导致消费者流失。因此，店铺首页装修需要整体把控框架内容，掌握布局节奏，切合主题又不落入俗套，让产品展示富有情感性，能够打动消费者的心，让消费者心甘情愿地打开自己的钱包。

优质店铺海报设计思路

淘宝开店装修，海报的设计十分关键。海报在产品展示及吸引目标受众等方面有着不可替代的作用，那么，怎样才能做出优质的店铺海报呢？

通常，网店海报包括产品（模特）、文案、背景三个部分，设计海报前，我们可以将其划分为主体部分——产品（模特）+文案，次体部分——背景。设计中我们要做到主次分明，排版合理。

主体部分

1. 左文右图，右文左图

"左文右图""右文左图"这种"产品（模特）+文案"的排版形式最常见，大多数类目都适合这种排版设计，视觉上让产品（模特）与文案一目了然。根据不同店面的需求，产品（模特）可以由一个或者多个组成，要求产品（模特）比例适中，层次清晰。

文案则由大标题、小标题、辅助性文字、优惠券、价格标签等组成，根据需求可以居中或左右对齐，这样整体视觉上会更加舒服，整洁统一。

2. 图文图，文图文

"图文图"排版设计可以文案居中，两边放产品，或者一边放产品一边放文案，这种设计在视觉上较突出文案部分，需要将重点放在文案上，将文案设计得更加吸引人。

这种排版方式被应用得较少，如果两边文案排版不当，就会造成视觉疲劳。这种设计要求视觉上突出中间的产品（模特），建议两边文案要排版整洁，让视觉中央更能体现产品的质感。

3. 上文下图，上图下文

"上文下图""上图下文"的排版方式非常符合视觉上的浏览方式，通常，人们浏览页面的习惯都是自上而下。这种排版方式，产品与文案都在海报的中间位置，只要做到两者分明，海报内容就会显得更加饱满。

（1）上文下图。文案部分要设计得吸引人，下面部分突出爆款产品，让产品与画面更加丰富，比较适合店铺做活动时摆放主打的爆款产品系列。

（2）上图下文。这种排版方式不要让产品与文案完全分割成两部分，否则会导致产品部分失重、凌空。

4. 产品包围文案

"产品包围文案"的排版方式也很常见，比较适合产品较多的海报排版，正所谓"萝卜青菜，各有所爱"，海报上琳琅满目的产品，总有一款能吸引消费者的目光。排版时，文案在中间，周围的产品可以直线摆放，也可以斜线摆放，斜线摆放会让画面更有节奏感。

上面介绍了几种较为常用的海报排版方式，在实际操作中，也有一些较为特殊的排版方式，但无论哪种排版方式，都要以突出产品为核心，毕竟我们不是在做艺术品，而是要卖产品，最终转化成产品销量才是我们设计海报的根本目的。

次体部分

下面介绍一下海报设计中的另一个重点，也就是次体部分，即背景部分的常见运用。

1. 纯色背景

纯色背景能给人干净、大气的视觉感。产品越高档，越适合用纯色的背景来凸显产品的质感。可以通过在纯色背景上增加纹理或装饰图案、色块等，在体现产品高档的同时，让画面富有一丝动感。

2. 渐变背景

首先，色块背景与产品颜色之间有邻近色、互补色或对比色，邻近色与互补色背景能让整体画面看起来比较舒服，运用对比色背景则反差较强烈，更能凸显出产品。

其次，形状背景。利用形状的切割或者素材的运用让画面更具动感。

最后，渐变背景能够让画面产生明亮区分，运用渐变背景时，渐变色一定要过度自然，否则就会让海报和产品显得低端。

3. 实拍背景

实拍背景就是产品与场景实拍图，实拍背景可以节省制作背景的时间。运用实拍背景时，一定要对产品图进行精修，体现出高端品质。

4. 手绘背景

手绘背景对设计海报人员的技术要求较高，许多大品牌通常都采用这种方式，通过透视原理、远近虚实、光源分布、3D立体等技术，让海报画面更灵动、产品更显高档。

总之，设计一张海报其实并不难，只要结合店铺需求进行分析，找出产品（模特）、文案、背景三者之间的联系，把产品（模特）融合到背景中，凸显出产品，再配以符合背景主题的文案，就能构成一张完整的优质海报了。

用手机拍出好的产品图

在淘宝、天猫开店，将产品更好地展现给消费者是硬性要求，而产品展现离不开产品图。随着智能手机功能的发展，手机的摄影功能不断提升，完全能够满足产品图片的拍摄要求，这给中小卖家带来了许多方便。

许多淘宝、天猫老店，产品图片都是由专业人员来做，对于中小卖家而言，手机也可以拍出很好的产品图片，做好后期的图片处理，效果也是非常出色的。

拍摄技巧解析

拍摄不能只是将产品拍摄出来，而是要在拍摄之前思考想要拍摄的内容，也就是首先要在脑海里进行构图。拍摄的产品图要给谁看？想要展示产品的什么特点？能让消费者联想到什么？只要将这些方面全都想到，呈现出来，那么所拍出来的产品图就形神兼备了。以下是拍图时需要注意的一些技巧：

1. 突出产品特色

简单说就是你拍摄的产品图片要展示什么，以食品为例，想要突出的点有新鲜度、色泽、食欲，等等。

2. 拍照分全景图、细节图

全景图看全貌，细节图看细节。

3. 构图

手机拍摄，最常用、最简单的拍照构图为井字格。

4. 景深

产品图中如果只有一个产品，就会显得很单调，这就需要搭配一些背景，但如果背景较多，又会喧宾夺主。这时候，可以采用虚实的方法，拍出景深。

5. 光线

光线对图片影响非常大，在没有专业摄影棚的情况下，我们要学会运用好自然光。拍照的时间最好选择在晴天的上午，因为下午的阳光偏黄，会影响图片的效果。拍摄时，注意不要让阳光直接照射在产品上。

拍摄光线解读

1. 顺光

顺光即光线方向与相机拍摄方向一致。顺光拍摄时，被摄体受到均匀的照明，阴影被自身遮挡，影调较柔和，可以隐藏被摄体表面的凹凸及褶皱。弊端是如果处理不当，拍摄效果会较为平淡。

2. 侧光

侧光即光线投射方向与拍摄方向呈90度，受侧光照明的物体有明显的阴暗面和投影，能够表现出物体的立体形状和质感，表现力较强。弊端是，如果处理不好会形成一半明一半暗的影调和层次，形成不均衡的影像。这对考虑受光面景物和阴影在构图上的比例关系要求非常高。

3. 逆光

逆光，即光线来自被摄体的后面，由于从背面照明，只能照亮被摄体的轮廓，因此又被称作轮廓光。

总之，只要掌握一定的拍摄技巧，在拍摄过程中不断去尝试，拍摄水平慢慢就会提高。另外，后期产品图片处理与修正也非常关键。

淘宝店铺实用定位技巧

相信很多卖家提到定位都会十分头疼。淘宝网一直提倡店铺个性化、标签化、小而美，想要真正实现这些目标，就需要对店铺进行精准的定位。

定位，说起来很虚，即便用案例也只能证明它的重要性，对于实操没有任何帮助。那么，有没有适合实操的店铺定位方法和流程呢？首先你要弄清楚什么是定位，为什么要定位。店铺定位的目的是要让店铺在消费者心中占有一席之地，而且最好是唯一的。简单说就是让自己的店铺与竞争对手区别开来，让自己的店铺与众不同。

因此，店铺定位的主要方法就是寻找竞争优势，在某个点或者某一领域，你的店铺能够表现得与众不同，能够比其他竞争对手更有特色和优势。具体操作流程，实际上就是从自身店铺找到相对的竞争优势的切入点。

从竞争对手的弱点切入

首先，确定店铺的直接竞争对手，找出销量最好，价位最接近，风格最相似的产品，找到后打开这个产品的详情页，仔细观察累计评价详情，产品的弱点通常都会在累计评价详情中体现出来。

其次，仔细看那些负面评论，不一定是差评。例如，你发现大部分的负面评论中都说这款产品面料不舒服，那么你在自己的产品详情页当中就可以重点突出你的产品面料好，前提是你的产品面料要真的好。

如果消费者看了你店铺下的评论，然后发现有人说产品面料很好，收到宝贝后非常满意，给了你一个好评，并且在好评中强调"这家衣服面料真好"，这对你增加店铺的流量帮助是非常大的。

从消费者的关注焦点切入

也就是说，消费者关注什么，你就去切入什么。如何知道一个消费者关注的焦点是什么呢？还是要看消费者的累计评价详情。我们以狗粮为例进行说明。

累计评价详情中，消费者如果最常提到"狗狗很喜欢"，就说明消费者在买狗粮时，最关注的点是狗狗喜不喜欢吃。狗粮营养是否丰富、价格是否便宜等，在狗狗是否喜欢吃面前，这些都是次要的。并不是说这些不重要，而是消费者关注的焦点是狗狗是否喜欢吃，因此，可以将这个焦点作为你的切入点，而不是其他。

从产品本身的核心卖点切入

你可以从不同维度提炼产品的卖点，形成自身的竞争优势。例如，颜色、大小、形状、口味等，这就需要你自己深入挖掘了。

例如，卖枸杞。许多卖家卖枸杞时，都是大包装的，500克或1000克装在一个大袋子里面。如果你将枸杞做成小包装，每1个小包可以泡一次水，这就形成了差异化卖点。

如今，产品同质化严重，有时候深挖产品卖点，形成差异化，创意思维起着关键的作用。如果你能给产品创造一个独特的概念，就会很容易帮助你形成相对的竞争优势。

从单一属性切入

这种方法最容易做到，但不容易做大。也就是说，你可以选择一部分细分市场，只服务于某一类消费者，专心研究这类人群的消费特点和个性化需求，然后全力满足他们的需求。例如，专做大码女装的店铺，消费者黏性、回购率、满意度都非常高。同样，弊端也十分明显，那就是市场空间小，不容易形成品牌优势，很难打造爆品。

总之，目前在淘宝网上，各类店铺应有尽有，因此，开店之前，你要想好自己的店铺要经营什么，面对的目标消费者有哪些，自己经营的产品有哪些优势，等等。只要给自己的店铺以精准的定位，在细节上提供更优质的服务，其实小而美的市场还是很容易做的。

第五章

淘宝、天猫产品营销

目前，电子商务发展迅速，前景不可限量，同时，电商市场又变幻莫测，产品同质化严重，竞争激烈。想要在淘宝、天猫开店，就要面对这些机遇与挑战，认清市场形势，发挥自身优势，做好产品营销。

销售精英辞职返乡开网店

每当电脑里传来"叮咚""叮咚"的声响，刘源都会比常人更加兴奋，因为对于一个淘宝店主来说，这意味着生意上门了，财富又要增加了。来看这位湖南溆浦"80后"小伙淘宝店创业的故事。

销售精英辞职返乡开网店

刘源出生于湖南怀化溆浦县岗东乡洞坪村，是一个聪明、勤劳的"80后"小伙。大学本来学的是电子商务，但是为了能更快更稳地挣钱孝顺父母，毕业后的刘源选择了去沿海发达城市做销售。凭着聪明和勤奋，刘源的销售业绩一直不错，收入也很可观，逐渐成为公司的销售精英。

2013年回家探亲时，刘源吃到自家自制的剁辣椒时忍不住夸赞起来，说大城市找不到这么好吃的辣椒。听到刘源这么说，父亲便叹气道："大城市里的人想吃这么好的辣椒吃不到，我们的辣椒又卖不出去，只能放在地里烂掉。"

父亲的一席话让刘源如梦初醒，自己每天忍受着思乡思亲之苦在外忙着"淘金"，却没发现自家地里的这些宝贝。

2014年初，经过对农产品市场的详细考察，刘源辞职回到了溆浦，开始了自己的创业之路。而他选择的创业方式则是网店销售。

于是，刘源从一个销售精英变成了淘宝店主。

新店开张3月销售额超3万元

2014年5月，刘源的"渝云轩农产品贸易有限公司"成立了，与此同时他的淘宝店也上线了。在短短3个月的时间里，刘源的淘宝店就已经拥有了三颗钻的店铺等级，好评率也达到了98.94％，月销售额已经悄然超过了3万元。

刘源把店铺喜人的销售业绩归功于自己的"85后"搭档舒韩飞。他说，淘宝店刚开始的销售业绩关键看店铺的装修和产品的描述，专职公司网络设计的舒韩飞功不可没。而舒韩飞则指出，这个网店之所以能在短短3个月内达到这样的业绩，刘源付出的比谁都多。

渝云轩推出的第一款产品是农家手工制作的剁辣椒，刚开始销售就收到多位买家的投诉，说寄到的剁辣椒全漏了出来。明明密封完好的剁辣椒怎么会漏出来呢？如果不尽快解决这个问题，源源不断的订单怎么满意送达？刘源连续好几天晚上反复思考、实验，终于发现原来剁辣椒有一个发酵周期，运输时如果不错开发酵周期，发酵产生的气体就会冲开罐子导致辣椒漏出。从那以后，刘源意识到细节的重要性，对每一件事都更加细致认真。

"希望赚钱的不止我一个"

"味道老爽了，下次再来""宝贝收到了，包装好，口感好，很愉快的一次网购""味道非常好，用料实在，纯正口味，价格实在……"看到每天都在增加的顾客好评，刘源对现在的自己更加有信心了。

刘源说他家的淘宝店现在仍处于冲量的阶段，收益并不高，但是一旦他们在淘宝上累计的销售业绩和好评超过了其他店铺，生意就会越来越好。等一切走上了正轨，他会直接去优质辣椒的产出地油洋乡和村民签订收购辣椒的合同，再和自己本村的生猪养殖户签订收购优质农家腊肉的合同，蒿菜糍粑、猪血丸子等一系列农产品也都将采取这种优选订购的方式采购。让农户清楚明白地知道自己每年需要生产多少，避免生产出来的农产品再烂在地里，这样也保障了农民的利益。

很多朋友都认为刘源的发展计划会给潋云轩带来很大的市场风险，毕竟顾客的需求量是无法精准预计的，但是刘源却说："我希望赚钱的不止我一个。"

淘宝、天猫商品展示与营销技巧

每位在淘宝网开店创业的人，都梦想着尽快打造出自己店铺的爆品。打造爆品，第一需要流量，第二需要转化。因此，在打造爆品时，一定要记得先做好转化，当流量爆发时，就不会发生流失了。

那么，在淘宝、天猫开店打造爆品，怎样才能做到高转化呢？下面我们就来详细地分析一下。

主图

主图是买家接触产品的第一道窗口，能否给买家留下深刻的印象，决定了买家是否继续浏览你的店铺，进而达成交易。

1. 一个好主图的关键点

（1）突出主产品。

（2）突出核心卖点。

（3）文案简洁有力。

2. 优化技巧

（1）将产品放在场景中，注意拍照技巧。

（2）用实例图展示产品特性。

（3）展示产品配套件或赠品。

（4）展示产品累计销售量，迎合买家的从众心理。

（5）尽量使用模特图，从正面、反面、侧面进行多维度展示。

3. 注意事项

（1）不要欺骗消费者，如销量100就说"卖疯了"，让消费者产生不信任感。

（2）深挖卖点，从热搜关键词入手，从优秀同行中寻找亮点。

（3）主图与直通车推广图要区分开，主图关系到品牌形象与品牌定位，不能频繁更换，而直通车推广图可以频繁更换。

产品详情页

1. 前期准备

（1）确定主体风格，保持产品与详情页的风格统一。

（2）进行市场调研，分析受众喜好、消费能力及个性化需求。

（3）定位，根据市场调查结果给予店铺精准定位，确定自己的店铺走高端路线、平民路线还是低价路线。

（4）深挖核心卖点，例如，价格、款式、文化、感觉、服务、特色、品质、人气等。

（5）设计元素，如配色、字体、文案、构图、排版、氛围等。

2. 常见的产品详情页要素

（1）收藏+关注，轻松赚优惠券或者购物立减××元，优惠幅度可以调整。

（2）焦点图，突出单品卖点，吸引受众眼球，增加购买欲望。

（3）推荐热销单品，选择2～3个店铺性价比高的热卖单品进行推荐。

（4）产品详情+尺寸表，例如，编号、产地、颜色。

（5）模特图，至少要一张正面、一张反面、一张侧面，展示不同的动作。

（6）场景图，例如让模特在不同的场合角度，引起视觉的美感。

（7）产品细节图，例如帽子或者袖子、拉链、吊牌、纽扣。

（8）买家秀展示或者好评截图。

（9）购物须知，例如邮费、发货、退换货、衣服洗涤保养、售后问题等。

（10）品牌文化简介，让买家觉得品牌质量可靠，产生信任。

3. 优化技巧

（1）定位上使用语气坚定的词，但要注意不能违背广告法。

（2）产品描述要简洁，不啰唆，图片要尽量清晰，不可以盗图。

（3）教顾客专业知识，也就是说，给顾客一个购买的理由，告诉顾客为什么本店的产品品质好。

（4）展示细节，细节展示等于信心展示，告诉买家本店不怕检验。

（5）低价产品要突出质量，高价产品要讲清楚价值。

（6）学会讲故事，品牌故事可以增强买家的信任。

关联销售

关联销售能够让已经购买的买家多一个购买的理由，也可以让未购买的潜在买家继续浏览，增加成交的可能。以服装为例，常见的关联搭配方式有：

（1）同类型关联，如不同花色的T恤。

（2）价格型关联，高价产品搭配低价产品。

（3）数据型关联，通过买家购买记录和浏览痕迹分析。

促销

常见的促销活动通常可以分为两类：一是店内活动，二是店外活动。常见的店内活动有：满就送、满就减、拍卖、限时折扣、秒杀、包邮、团购、搭配减价、赠品策略等；常见的店外活动有：天天特价、淘金币、试用中心、VIP俱乐部、聚划算等。

1. 促销方式

（1）借力促销。利用热点促销，比如，"来自星星的你"同款、××明星同款等。

（2）组合促销。搭配促销，比如，买鞋子送袜子；捆绑式促销，比如，加一元送一件；连贯式促销，比如，首次购买全价，第二次购买8折。

（3）指定促销。指定对象促销，比如，母亲节特惠、父亲节特惠；指定产品促销，如买A送B。

（4）附加式促销，如包邮、以旧换新等。

2. 操作技巧

（1）设置临界价格，形成视觉误差，如100元与99.9元。

（2）设置阶梯价格，比如新品上架，第一天5折，第二天6折，第三天7折。

（3）设置错觉折扣，营造"买就赚"的感觉，比如，花100元换购价值130元的商品。

（4）"一刻千金"，比如规定时间内超低价销售。

（5）"超值一元"，如限量低价，加一元换购。

3. 注意事项

（1）最好是店内活动与店外活动一起配合做。

（2）备货要充足。

（3）售中客服管理要跟上。

（4）售后服务要做到位。

客服

流量流失除了店铺本身原因外，客服问题也不容忽视，优秀的客服必须做好以下几点：

（1）牢牢抓住每个进店的买家。

（2）了解产品知识，避免一问三不知。

（3）及时回复买家的信息，避免买家不耐烦。

（4）善于推销。

（5）及时做出需求判断。

（6）跟进订单催付。

（7）狠抓回头客，耐心处理售后问题。

（8）做好客户关系管理，定期短信维护或邮件维护，召回老顾客。

新品引爆流量的三个环节

任何产品都要经历新品期这个阶段，在淘宝网开店，只要是新品就会获得一定的流量扶植。但是这种新品流量扶植是有限度的，也就是说，如果在规定的时间内你的产品表现不好，就会很容易被埋没。

怎样才能保证新品在"规定的时间内"让流量爆起来呢？其中最关键的还是店铺整体基础权重的优化，这是重中之重。打造新品的过程中，不外乎三个环节，即上新前、上新时、上新后，想要新品引爆流量，就要将这三个环节做好。

上新前

想要让新品流量爆起来，上新前的整个店铺准备工作是非常关键的，因此，在这个环节，一定要做好上新前的店铺基础优化。

1. 持续不断地提高店铺层级

店铺层级的主要作用有两个：一是限制免费自然搜索流量，层级越高，同等条件下能够获取的免费自然搜索流量就会越多；二是影响店铺的综合权重，店铺的综合权重又会影响产品的自然搜索排名。

由于店铺层级持续上升或者下降，都会影响产品的自然搜索排名，当店铺流量下滑时，就应该去关注一下是不是店铺层级出问题了。"最近30天的支付宝成交金额"是店铺层级的决定性因素，因此在上新前10天左右，就要有意识地去增加这个指标。通常有两种方式：

（1）加大直通车投入，并且梯次增加，可以根据自身经济实力调整。

（2）增加淘宝客流量，同样采取梯次增加的方式。

2. 持续提升店铺DSR评分

持续提升DSR评分也可以提高店铺的综合质量得分，具体操作起点同样在上新前10天左右，切记不要相信那些能快速提高DSR评分的东西。提升DSR评分其实很简单，只要让消费者比预期得到的多就可以了，简单说就是给消费者制造惊喜。

（1）物流包装仔细、精美，能提高用户的体验。所以店主要选用好的包装，好的物流。

（2）附加小赠品。在不提前告知的前提下，附加小赠品，给消费者制造惊喜。

（3）消费者中奖。例如，通过刮刮卡的形式，让消费者中奖。

（4）售后跟踪。通过旺旺、短信、电话等进行售后跟踪服务，让消费者觉得你在关心他。

3. 上新前不能有违规、被投诉等行为

上新前的违规、被投诉等行为会直接、快速地影响店铺的综合权重，因此，当你准备强推一款新品时，千万要保证店铺绝对不能有违规、被投诉等行为。

上新时

新品在淘宝网有两层含义：广义上来说，只要刚上架的商品都是新品；狭义上来说，就是在淘宝上没有人跟你卖一样的东西。相对而言，淘宝更愿意扶植后者。因此，上新时的核心工作就是让搜索引擎认定你的产品是非常"新"的，在淘宝上同款很少。那么淘宝搜索引擎认定一款产品是不是新品的标准是

什么呢？

1. 标题

不抄别人的标题，不用分销厂商的标题。新品的标题一定要根据自身店铺的实际情况去写。写好标题后，利用全标题搜索去查一下，看看是不是有很多同类标题。

2. 首图

首图主要从拍摄角度等细节方面与竞争对手进行区分。例如，拍摄衣服时，如果大家都是外景，你就棚拍；如果都是正面，你就用侧面；如果大家都是站着，你就坐着。做好后，在淘宝搜索框搜索一下。

3. 属性

属性这一块，首先你要保证不能是错填或漏填的，否则会直接导致你没有任何机会，只要能优化的部分，都用心优化一下。

上新后

上新后第一周非常关键，尤其对于服饰等竞争激烈的类目来说，由于类目产品太多，如果表现不好，产品很快就会被埋没。因此，在上新后的第一周，最需要关注以下指标：

1. 点击率

如果新品的转化率低于行业均值，爆起的概率就会很低。因此，选词精准非常重要，可以用生意参谋选直通车的计划，千万不要做广泛匹配。

2. 收藏加购占比

收藏加购增长趋势要明显高于行业均值（行业均值可以从生意参谋—市场行情—行业大盘里去看），这代表着你的产品潜力很大。

3. 时间段产出

观察第一周的产出值能否达到首页所有产品产出值的均值，你的产品只有到首页，流量才会爆起。

总之，如果产品上新三个环节都能做好，新品流量爆起就是自然而然的事了。当然，在操作过程中，会遇到许多难题，许多新问题需要解决，但只要你能把握好大方向，处理好细节方面的问题，就会慢慢累积形成自己独有的经验和方法。

淘宝店铺健康的运营思路

现在许多卖家反映淘宝是越来越难做了，现在开店创业，必须要跟上电商的发展形势，才能把店铺做好做大，在运营店铺的过程中，应该有一个健康、清晰的思路，不要妄想一步登天。

为什么许多中小卖家整天抱怨淘宝、天猫越来越难做了呢？本质上来说，是竞争过于激烈！对于电商而言，生存才是最重要的，只要能生存下来，并且有一个健康的店铺运营思路，做好一个店铺，一个品牌，其实并不难。

投入资金与运营技巧

在淘宝新模式下，有了运营技巧，没有相应的资金投入，店铺肯定做不起来；有了资金投入，没有好的运营思路，店铺同样做不起来。因此，目前资金投入加运营技巧已经成为淘宝开店的标配模式。

有计划的投入加上合理的运营技巧，店铺经营起来还是很容易的，对于一个中小店铺而言，每天有5000流量，1000个访客，转化率在3%～5%，这是基本要求。

淘宝资源与产品类目细化

淘宝资源不外乎是与淘宝客的对接、淘宝第三方平台的流量支持等，目前，没有淘宝资源的店铺将寸步难行。而产品类目细化是淘宝的一个重点模式。大众化产品市场已经被大卖家占据，中小卖家去做大众化产品淘宝店已经很难做起来了。因此，对于中小卖家而言，将类目做小，将流量垂直化，将客户精准化，走"小而美"模式才是出路。

社交资源与好产品

好产品是消费者认可、价格合理，具有唯一性的产品。只要消费者愿意帮你传播，产品的口碑就会好起来，再利用淘宝成交平台，可以形成社交型的店铺流量。而社交资源，包括微博粉丝、微信好友、论坛好友等，这些都是需要花时间去完成原始积累的社交资源。

产品开发与品牌化

淘宝店铺运营，必须将自己当作一个产品经理人，掌握市场流通的第一手数据，什么产品好卖、什么款式的产品被消费者喜欢、什么类型的产品更容易出爆款、什么组合更适合关联营销、什么样的产品才能满足市场等，如果不了解这些，就无法做好店铺的产品布局。

淘宝品牌化进程不断加快，目前做淘宝店铺，没有自己的品牌，产品就没有唯一性，很容易在竞争中陷入价格战，最终被淘汰。淘宝品牌化应该如何营销？其实很简单，无非是"一个品牌名字+品牌沉淀+目标客户的筛选+老客户的积累+好产品+一段品牌故事"。

线下推广模式与线上店铺展示

线下推广有很多模式，如：会销模式、线下合作端口模式、线下展会模式、线下广告模式、线下实体展示店铺模式、线下体验模式，等等。通过这些方式，将线上的店铺展示给线下的消费者，将线上的产品给消费者现场体验。

线上店铺展示一定要选择有线上自带流量的平台，如淘宝店铺等有专注购买流量入口的平台展示。

内容运营与店铺特色

目前，在淘宝平台上只有将自己店铺的内容做好才能留住消费者。店铺内容形式包括微淘、问大家、买家秀、店铺评论、品牌故事等。

店铺特色就是依靠店铺的整体布局及视觉色彩进行运营，另外就是自身产品特色，做出个性化、差异化、品牌化。例如，同行的产品背景都简单、整洁的时候，我们就加点色彩，等等。

垂直化与专业化

这里所说的垂直化与专业化，是基于产品和服务的维度上来思考的。店铺产品需要垂直化，将一类型的产品做小、做深，深挖一类产品资源，把一系列的产品做深。例如，经营一款丝袜的店铺，可以做如何修身、如何搭配短裙、如何出席高端场合等一系列的垂直营销。

总之，现在的淘宝，已经不是处于原先那个你只要有产品、能上活动、能打广告就能运营得很好的时代了。现在的淘宝是一个综合的淘宝，要想成功，就要全面地发展。

玩转"双11"、聚划算、天天特价

玩转淘宝营销，除了自身店铺的活动外，还要紧跟淘宝官方活动，例如，聚划算、天天特价、"双11"等。紧跟官方活动，是提高店铺知名度，增加店铺流量的最佳途径。

临近"双11"购物节，无论是进会场的卖家还是没进会场的卖家，都要将其做重点来进行推广，提升自己的店铺流量。推广手段不外乎站内与站外两大部分，只要卖家根据自身特点，选择适合自己的推广方式即可。

"双11"怎样抢占流量

1. 站内推广

（1）直通车。直通车在预热阶段就要开启主推款关键词推广、定向推广、店铺推广。如果你已经设计了"双11"预热专题页面，那从10月份开始就要有针对性地进行推广了。

（2）钻展。钻展流量与投入有直接关系，对费用没有太多要求和限制，具体支出可以根据自身预算来制定，"双11"预热阶段就要坚持每天投放。

（3）店铺互链。策划和组织用户群互补的多品牌店铺进行互链。

2. 站外推广

（1）短信。针对已有会员，预热阶段可以发送2～3次，最重要的两次是11月8日发送一次（关心+提醒），11月10号发送一次（提醒+诱惑）。

（2）BBS。BBS直接引流的效果不是太好，可以作为活动宣传的一个渠道，建议在11月9日和10日采用广撒网的方式，在各大BBS进行发帖。

（3）EDM。EDM推广建议采用第三方专业机构来操作，邮件内容主要以针对"双11"产品和价格进行提前预知为主。

（4）SNS。SNS是当前热门，并且可以直接引流，因此可以作为重点来做，在预热阶段和活动当天进行相关的推广工作。重点渠道有豆瓣购物小组、QQ空间、说说、微博、微信、微淘等。

（5）视频网站。视频网站推广主要以"双11"活动宣传片为主，很多大卖家都会围绕"双11"活动策划几段视频宣传内容。

报名通过天天特价的三个关键

对于许多中小卖家而言，报名天天特价很艰难，盲目报名并不是一件理智的事情，首先要学会总结，弄清楚自己的产品为什么通不过。因此，报名天天特价活动，一定要注意以下3个关键点：

1. 产品合理定价

天天特价对价格审核要求非常严格，许多卖家认为产品原价高、上活动时折扣大，就能通过报名。其实不然，不是你的产品折扣大就能通过报名，只有在合理的定价基础上折扣大才行，比如，市场价几十元钱的产品，你发布产品时却标价几百元钱，这样肯定不行。天天特价有二审人工审核的，你的产品能通过机审，但很难通过人工审核。

2. 完善产品属性

店铺产品属性完善度要跟上淘宝的脚步，产品才会得到官方的认可。这里要学会换位思考，只有这样你的店铺和产品才有机会获得更多的官方流量和资源。

3. 避免同款产品或相似度过高的宝贝

如果你报名的产品在淘宝上有几百家店在卖，那么系统是可以检测出来的，系统审核时会检测出这个产品的均价是多少，天天特价活动的其中一条要求就是报名活动的产品价格不能高于全网均价。

（1）如果你的货源来自阿里巴巴，产品属性填写就尽量不要与供应商产品属性一样，要知道，每个供应商都会有几百家代理店。

（2）上活动的产品尽量不要用淘宝助理数据包上传，虽然方便，但是供应商的几百家代理店都用淘宝数据包上传产品，淘宝系统是能检测出来的。

（3）发布活动产品尽量使用手动发布，填写属性时尽量将货号改掉，详情页图片尺寸要修改，这样发布出来的产品才能避免与几百家同款店的雷同。

卖家如何报名参加聚划算

1. 报名聚划算的店铺要求

（1）集市店。五钻以上消保旺铺（化妆品店铺必须加入假一赔三），且好评率要大于98％。

（2）商城店。店铺综合动态评分需在4.6分及以上，"产品与描述相符"项4.6分及以上。

（3）店铺开店时间大于90天。

（4）店铺不得在处罚期，不得涉嫌信用或交易炒作。

（5）店铺有较强的运营能力，承诺遵守聚划算活动卖家服务规则。

（6）店铺需承诺在活动下线后7天内（最好在5天之内）完成发货，并承诺因发货延迟、货不对版等问题，买家申请退货退款，运费由卖家承担；聚划算暂不支持货到付款；若商家7天内没有完成发货，聚划算有权对商家进行处罚。

2. 报名聚划算的产品要求

（1）同一店铺每次限报3个产品，且单个产品数量在1000件及以上（大型数码电器类、金银珠宝类等，数量可适当放宽）；1周内勿重复报名；同个卖家一个月最多参加两次活动；同卖家同商品的间隔时间为1个月。

（2）报名产品必须保证是全新商品，不能是违禁品、无证食品、成人用品、二手闲置产品、清仓货或其他淘宝违规商品。非品牌旗舰店的，须出示授权书。

（3）报名商品所属类目是交易额占店铺总交易额30%以上的主营类目。

（4）报名产品原则上最近1个月内真实销售记录需在10个及以上。产品1个月内成交记录中不得含有低于商品报名时原价的销售记录。如果商品前期有折扣活动，上线原价需占销售记录里的60%以上。参团后不得低于聚划算价格销售。

第六章

爆品思维，网店发展的驱动力

互联网时代，产品更新迅速，而开网店需要一款产品来引爆流量。爆品不局限于一个产品，可以是一套产品，也可以是一类产品。爆品不仅仅是一个名词，它既是一款产品，又是一种营销思维和营销方式。

靠山吃山，王小帮淘宝卖土货

只有初中文化的王小帮，是山西吕梁临县木瓜坪乡张家沟村的一位普通农民。他在2008年开了自己的第一家网店——山里旺农家店，主要销售自家种植的红枣、小米、核桃等原生态绿色农产品，到2013年，他的网店年销售额高达600万元。

靠山吃山，将农产品搬上网络

山沟里交通不便，通讯不发达，王小帮是怎样想到在网上开店的呢？原来，2000年的时候，王小帮和妻子在北京打工，看到别人在网上打游戏、购物，他想，没准在网上卖东西是一条致富的好路子。

说干就干，2006年春节，王小帮夫妇回到家乡，用自己辛苦攒下的4900元钱买了一台电脑，在淘宝网上注册了店铺。

吕梁山虽是穷乡僻壤，但农作物用的都是农家肥，王小帮想：很多城里人现在提倡吃粗粮，我就卖这些城里少有的东西。他将家里的花生、小米、红枣、核桃等农作物，都拍成照片放到网店上。

很快，这些颗粒饱满、绿色天然的山货就引起了关注，没几天，第一笔生意就来了。紧接着，第二笔、第三笔……王小帮开始背个袋子，走家串户，收购新鲜的小米、红枣等农产品，辛苦的同时也充满了干劲。

交通不便，只能发平邮

随着店铺逐渐走上正轨，王小帮的父母也认同了儿子的创业方向。很快，王小帮一个人就忙不过来了，于是全家总动员。父亲帮忙打包送货，母亲和妻子在家拣黄豆、拣核桃，一家人忙得不亦乐乎。

开网店，送货是个大问题，王小帮所在的临县位于吕梁山西侧，属国家级贫困县，交通不便，整个县城除了邮局，就没有其他的快递公司了。而邮局EMS特快专递价格又非常高，王小帮只能给顾客发平邮。

"平邮500克到上海，也就五六元钱，EMS得20多元钱，这个差别就大了。"王小帮说，通常货物都有2.5~3千克重，而且平邮的续重也相对便宜。但是，平邮不仅发货不方便，时间长，而且顾客必须自己去邮局取货。

王小帮无奈地说："网购大家图的就是方便、节约时间。有的顾客下订单后，一看是发平邮，立马就取消订货。"送货的问题一时解决不了，王小帮就尽量减少邮寄时出现差错。如果对方没去邮局领货，货物退回，他总会耐心地在网上询问："您还需要我重新给您寄吗？"

慢慢地，顾客的抱怨减少了。王小帮在自己网店首页写了一首打油诗："淘宝我最牛，就我发平邮。淘宝我最穷，就我在山村。平邮我最慢，山货我最鲜。"

即便如此，还是有个别买家没有看清物流说明就下了订单，三四天没收到货，就提交了退款申请。针对这种情况，王小帮一律点击同意，把钱退给买家，然后再通过旺旺说明情况，请对方在收到货后再补款。他说："别人买我的东西是相信我，我更得相信他们。"

王小帮这种真诚负责的态度，赢得了买家的称赞，回头客越来越多。

坚持与诚信，快乐与梦想

王小帮的网店，在保证货物质量的情况下坚持了下来。他的"山里旺农家店"被授予"2009年度淘宝网十佳创业先锋奖"。不久后，王小帮与圆通快递达成协议，起价1千克10元，续重1千克6元，先将山货托运到太原市，再以快递寄出。

谈到未来，王小帮认为，最重要的是要树立起山西特产的品牌形象，这个目标需要全行业的创业者达成统一共识，要从保证质量、做好服务方面入手，不要一味打价格战，只有这样，才能让山西特产真正走出去，赢得广大消费者的信任与青睐。

王小帮说，开网店让他体验到了网络销售带来的无穷乐趣，更重要的是，让他找到了更好的赚钱方式。先进的互联网与原始的土特产连接起来，王小帮走上了创业之路，也打开了财富之门。

网络时代独特的产品特色

不同时代，造就了不同的产品发展之路。在这样一个创造无限可能性的互联网时代，也孕育出了独具特色的产品。传统行业用户体验低，而互联网时代，是先完成体验，再建立品牌，产品的核心价值就显得十分重要了。

互联网时代，人们不再满足于同质化严重的机械大生产，对产品个性化需求与日俱增。除了对产品的基本功能有所要求之外，人们更倾向于追求能够彰显个人风格、审美价值的个性化产品，而这正是打造爆品的基础所在。下面，我们就来了解一下互联网时代的产品都具有哪些特色。

产品为王时代来临

传统商业以渠道拓展为重，互联网时代营销模式悄然发生改变，产品逐渐成为企业经营的核心，"渠道为王"的时代正在终结，"产品为王"的时代已经到来。

互联网让传统销售渠道变得异常简化，渠道作用逐渐被淡化，随之带来的是产品和服务品质的放大化。开放、互动、及时的互联网环境，逼着企业不得不"以产品为核心"来赢得市场，随着"产品为王"时代的到来，做独一无二的产品，挖掘别人不具备的卖点，成为企业生存和发展的核心。海尔公司借助互联网优势，推出个性家电定制，就是最明显的例子。

产品体验是生存之本

好产品统领一切，这是互联网时代的重要生存法则。为什么这么说呢？传统行业通常是消费者先认知品牌，再去消费，几乎没有用户体验。而互联网时代则是消费者先完成体验，再建立品牌，体验好坏决定了产品的销售和未来的市场前景。

互联网无限贴近生活，如苹果、谷歌、百度、腾讯、小米、华为等，都十分注重产品，注重用户体验，这是它们得以生存和发展的基础。诺基亚产品因为迟迟不放弃落伍的塞班系统，怎样改进都无法让消费者得到良好的体验，导致这个昔日的手机领导品牌，在互联网时代迅速败退。

因此，互联网时代，营销的最佳方式就是提高用户的参与度，让用户在体验中感受产品，接受产品，爱上产品。

用户参与产品设计

产品是企业发展的根本，而产品制造需要依赖消费者的支持与反馈。移动互联网时代，可以说人人都是自媒体，获取用户反馈信息的成本变得越来越低，速度也越来越快捷。互联网最大的优势就在于，可以直接收集分析用户行为数据，快速找到有价值的用户信息反馈，对产品做出及时的调整和改进，精准、高效地完善各种功能和体验。

传统产品营销通常是以渠道分销的方式将产品卖给消费者，这种方式使企业很难掌握消费者的第一手反馈信息。移动互联网时代，企业可以通过新媒体的影响力，收集和采纳用户的意见，深挖用户的需求，及时掌握需求变化，再将这些建议体现到产品中。其中，最具代表性的就是小米手机的成功。

打造爆品不可或缺的三大特点

互联网时代，没有高标准的产品，任何噱头、炒作，最后的结果都将归于平静。深挖用户需求，追求产品极致，赋予产品人格化，体现个性需求，提升产品更新换代的速度是互联网时代爆品所具备的主要特点。

1. 赋予产品人格化

产品人格化就是在设计生产或服务时，将用户对各种特性的理解转化为有人性的特征，也就是说将产品拟人化、情感化，这其中包括产品的外观、功能、定位等元素。

例如，百事可乐，不仅是饮料，更是"年轻与活力"的象征；微信，不仅是通信工具，更是一种生活方式。

赋予产品人格化，就是将产品打造成为具有独特魅力和情感影响力的人性化符号，让每一位潜在用户"对号入座"，产生相应的情感磁场效应，让品牌在消费者心中的形象不仅仅是一个产品，而是渐渐变成一个形象丰满的个体，拥有自己的个性、气质、文化内涵等。

2. 对产品精雕细琢，追求极致

将普通产品做到极致，是爆品所具备的又一大特点。企业在打造产品的过程中，常常提到"工匠精神"。什么是工匠精神？工匠精神就是指对自己的产品精雕细琢，精益求精，对产品细节要求更高，追求完美和极致。

用工匠精神打造出的产品，必然具有不可替代的竞争优势，能给用户带来更加完美的体验。乔布斯重返苹果时说过这样一句话："现在的产品都是废物！"让体验者对产品尖叫，把产品推荐给朋友，做到这一点，你的产品才有可能成为爆品。追求精雕细琢，追求极致，追求完美，并不是一种行为，而是一种态度。

3. 快速更新换代

互联网时代，产品的生命周期越来越短，更新速度越来越快。我们发现，很多产品一夜间横空出世，也有许多产品不知不觉间在我们的视野中消失。如今，在这个产品更新迅速的互联网时代，颠覆已经成为常态。

微信最初的核心团队只有60人，移动公司有2万多名员工，2011年微信推出后，稳稳占据社交APP第一宝座。移动表示：搞了这么多年，才发现腾讯是竞争对手。

这也说明，跨界竞争将成为互联网时代的特色，产品将成为竞争的核心，无论是行业内的霸主企业，还是创业型小企业，想要在这个互联网时代胜出，产品才是王道。

爆品是新时代产品代言人

在销售过程中爆品能帮助卖家获得十倍、百倍的营销效果，甚至不需要你进行主动推广，就能给你带来数倍的收益。这就是爆品的力量，许多网店经营者和企业都渴望做爆品，但事实上，爆品并不是那么容易打造的。

很多人将爆品和爆款混为一谈，其实它们之间是有区别的。爆品是具有价值感、培养潜力和品质守恒的单品，需要打造成品牌；爆款是战术策略或引流需要，往往是阶段性的，为后续导入其他产品铺路。

爆品不是简单的产品

爆品不是一个简单的产品，而是社会化营销时代的认识论和方法论，可以说，没有爆品就没有社会化营销。许多人认为大单品就是爆品，甚至有人拿大单品当爆品。要知道，大单品是"渠道为王"时代的产物，爆品思维是营销体系的标志。

什么样的产品算是爆品呢？是不是出个新品，销量不错，就算是爆品呢？目前，许多新品上市，连大单品都算不上，更不用说爆品了。"集体围观"现象是爆品的重要标志，而非销量，依靠传统渠道带来一点销量的产品，算不上是爆品。

新时代的产品代言人

没有品牌、没有资产、没有渠道、没有营销队伍，却能创造出营销奇迹，这就是爆品在互联网时代的价值。

在这个不缺少产品的时代，许多新品都被淹没了，只有爆品或大单品才具有传播价值，爆品，就是这个新时代的产品代言人。

我们正处在一个社会化营销与中国产业升级重叠的新时代端口，随着移动互联时代的来临，手机屏幕比PC界面小得多，屏幕越小，注意力越稀缺，只靠产品丰富解决不了注意力的问题，而爆品却能做到。中国整体产业升级，一个新时代是需要有标志性产品的，爆品就承担了这个角色。

爆品具备哪些特质

爆品都具备什么样的特质，或者说，具备什么特质的产品才有可能成为爆品呢？总结起来，主要有以下几点：

1. 新主流产品

主流指的不是高端或低端产品，而是能满足大众需求，表现为销量最大的一类产品。所谓新主流，就是指以前没有被认识，未来却可能成为家庭标配的产品。

2. 品质视觉化

所谓品质视觉化，就是让消费者第一眼看到时，形成与传统产品巨大的反差，有很大的对比度。

3. 抓住痛点

实际上痛点就是消费障碍，也就是消费者为什么不买。

4. 性价比高

爆品借助了社会化营销，与传统产品相比，它是有性价比空间的。

传统营销，一个广告连续播无数遍，最后形成记忆。而社会化传播，关键在于传，传一遍就够了，只要能够持续传下去，最后就会形成"集体围观"，那么传播效果也就达到了。

许多人刷屏做爆品，其实违背了社会化传播的本意。爆品，最后一定是"自然围观"，就像大单品推出后，后续还有一系列动作一样。爆品引爆后，后续一定还要有动作，才能打通全面营销。现在爆品多数只是在传播层面，延伸到整体营销层面的还很少，这就要求我们寻找出打造爆品的规律和方法。

爆品思维与爆品营销

在互联网时代，爆品意味着专注于某一类用户，以用户思维为导向去设计、研发、生产与销售，找到用户真正的痛点，甚至一款产品可以实现销售额几个亿。

打造爆品需要站在消费者的角度，以用户思维完成对消费者需求的推测，完成产品规划与品牌定位，做出满足消费者需求的产品，并提供极致享受的服务体验。同时，打造爆品还要对经营理念有深刻的领悟。

爆品思维

打造爆品需要对商业模式、组织形态进行规划，思维模式贯穿了打造爆品的全过程，因此可以说，打造爆品是一种思维模式，也就是爆品思维。

1. 用户思维

打造爆品时不能从自身需求出发，而是要从消费者需求出发，找到真正的痛点，有针对性地解决消费者的需求，精益求精地打造出能够让消费者尖叫的产品和服务。所以，用户思维是爆品思维的重要组成部分，以用户思维打造爆品，才能在满足消费者需求的同时赢得认可与信赖。

2. 品牌思维

打造爆品是为了树立品牌，只有品牌树立起来了，才能被大众消费者认同和喜爱，才能形成良好的口碑效应，让产品在消费者心中占据一席之地。因此，品牌思维是爆品思维不可或缺的组成部分。

3. 粉丝思维

打造爆品离不开粉丝，正因为有了粉丝的存在，才能将产品在社会化营销过程中成功引爆。因此，粉丝思维也是爆品思维重要的组成部分。传统产品营销通常都是请明星代言，大面积播放广告，等等。互联网营销则注重在保证产品高质量的前提下，通过与粉丝互动，提高粉丝忠诚度，达到裂变的效果，最后形成对爆品的"集体围观"，实现社会化传播的目的。因此，爆品在最初阶段不以销量定输赢。

爆品营销

爆品一定卖得好，但卖得好的产品却不一定是爆品。单从销量上来衡量，并不能定义一个产品是不是爆品，因为打造爆品需要创造出全新的产品，同时要带给消费者极致的体验。严格意义上来说，打造爆品需要制定战略，需要规划实施，所以说打造爆品更是一种解决方案，而误打误撞出来的高销量产品，不能称之为爆品。

1. 找到痛点

打造爆品首先要找到消费者真正的痛点，根据消费者的痛点，针对性地制定出解决方案，将消费者的"痛点"变成"尖叫点"。所以，打造爆品首先要成功解决消费者的问题。

2. 做到极致

爆品营销，最重要的一环就是全力以赴做极致产品，这里的极致并不是说将产品做到最好、最贵、技术最先进，而是要做到简单、好用，将消费者重视的指标做到最好，把产品打造成高性能、高性价比的产品，这样才能在销售中远超竞争对手，形成社会化传播，积累大量用户。

3. 制作爆点

没有爆点的产品，就无法成为爆品，找到传播的爆点是爆品营销的关键。因此，爆品营销一定要找最火爆的平台来传播，例如，淘宝、天猫，都是爆品营销的最佳平台。另外，爆点最好能够触动大众的内心情感，好平台搭配好爆点，才会真正引起消费者的关注，引爆市场。

爆品与爆款的区别

当下，许多企业纷纷加入到打造爆品的行列中，也有许多网店店主期望通过爆品，快速创立品牌，一鸣惊人。事实上，大部分人混淆了爆品与爆款的概念，误认为爆款就是爆品。

爆品原本是淘宝店主们集体发明的营销利器，后来逐渐演变，发展成为一种营销思维和营销方式。对于爆款，大家已经很熟悉了，也很容易理解，爆款指的就是在销售中供不应求，销售量很高的产品。那么，爆品与爆款两者之间的区别在哪里呢？

爆品和爆款是两个不同的概念。爆款是区别于一般产品，销量相对较好的产品；爆品则不仅具备爆款持续热销的特点，还会受到消费者的一直追捧，可以作为店铺的拳头产品，以及创立品牌的基石，可以为店铺创造更高的利润。

相对而言，爆款更多采用的是低价策略，爆品则不会采用低价策略，如果店铺采用价格战，只顾销量而不注重利润，销量再高也算不上爆品，因此可以说爆品一定是爆款，但是爆款不一定是爆品。

不以销量论成败

只要销量好，没有积压，用户需求量大，这款产品就很容易成为爆款，爆款的衡量标准很简单，就是销量和销售额。而爆品则不同，爆品不仅仅表现在销量和销售额度上，而且要能够引起消费者的围观追捧，形成社会话题。

举个最直观的例子，"红包"作为微信平台的一款产品，从一个小小的功能，到后来不断上春晚，不断蜕变升级，最终变成了一个爆品级产品，甚至已经变成了爆品平台。

不难看出，爆款产品是远远达不到这种效果的，从本质上来说，爆品是战略，而爆款是局部。在淘宝、天猫开网店，打造爆款是必备技能，那么爆款其实就属于爆品的一个局部战略，也称之为功能战略，而爆品是一个完整的系统。

打造爆品的策略

打造爆款，最终目的是追求销量，爆款的生命周期通常都很短。爆品则不同，爆品的生命周期很长。通常打造爆品的策略主要有以下几种：

1. 感性与体验策略

互联网时代，受众大多是"80后""90后"，产品对于他们而言，功能与质量只是基础，他们不容易被理性的质量影响，但很容易被感性和体验征服。产品时代消费者购买的是产品的功能，强调的是产品的物质属性与功能利益。爆品时代的消费者更注重产品的使用感受和体验，以及商家为消费者使用和体验产品所提供的帮助。

当然，任何产品都是一个问题解决方案的载体，这一点，无论什么时代都不过时。只是爆品时代的消费者对产品功能的利益诉求并不是排在第一位的，打造爆品首先要做的是增加产品的体验感、娱乐性，淡化产品的物质利益诉求，迎合受众的诉求与需求。

2. 产品沟通策略

在这个产品同质化严重的时代，同类产品中为什么有的能热销，甚至成为爆品，而有的几个月都没有销量呢？这就要求卖家在营销过程中，要注重产品本身的沟通功能。赋予产品沟通功能，可以从解决以下几个问题入手：

（1）你的产品为买家提供了什么信息？

（2）你的产品提供的这些信息是有趣的，还是乏味的？

（3）你的产品在同类产品中是标配的，还是个性化的？

3. 产品区隔策略

互联网时代，产品不再是僵硬的产品，更应该富有娱乐性、人性、情感等元素。一个产品能否成为爆品，要看营销策略是否锋利。锋利的一大特征就是，产品除了标签等标配信息外，是否能为顾客提供令客户十分满意的概念区隔，让买家直观感觉到你的产品比其他同类产品好在哪里。赋予产品人性化，就能让产品本身成为沟通的第一媒体。

4. 产品设计策略

想要产品热销，外观设计是重中之重，形状、色彩、图案等细节方面，都要符合买家的审美和喜好，还要注重包装的差异性和娱乐性，这样才能抓住买家的眼球。要知道，精准的色彩定位能轻易让买家产生情感共鸣，给买家一个选择的理由。

5. 产品体验策略

产品体验策略包括价格体验、促销体验、使用体验、服务体验等方面。不仅要带给消费者功能性用途的利益，还要从服务方面带给消费者独特难忘的体验内涵。

6. 体现产品的媒体价值

许多卖家在开店过程中，往往会忽略产品作为与顾客沟通的第一媒体的重要性，如果不能用这第一媒体征服买家，后期网店经营就会十分困难。因此，网店店主思考在哪里做广告、做什么广告、该怎么做的时候，不如潜心挖掘和打造产品本身的媒体价值。

总之，网店店主一定要明白，爆款与爆品是有区别的，爆款是区别于一般产品且销量非常好的产品，爆品不仅会持续热销，还会受到买家的一致追捧，不但可以作为店铺的拳头产品，还可以利用爆品树立自己的品牌，创造更多的利润。在如今竞争激烈、产品同质化严重、网店生存困难的情况下，打造属于自己的爆品，是每个网店应该努力的方向。

第七章

抓住痛点，得用户者得天下

无论是拼资源、拼产品，还是拼服务、拼体验，最终都是客户说了算，抓住客户的痛点，用心改进产品及服务，为客户带来更好的体验，赢得客户的心才是网店经营的正道。

600元创业，7年后销售额过亿

　　"80后"的朱连锋投资600元在淘宝开网店创业，7年时间，他不断学习、摸索，从一个人、一台电脑做到三家公司，年销售额过亿元，创造了淘宝创业奇迹。

　　朱连锋出生在靖江一个普通的工薪家庭，大学毕业后，他在靖江电力公司下属企业担任项目经理，工作虽然辛苦，但很稳定。不过，一次无意中的网络购物改变了朱连锋的生活和命运，他说："如果没有那次购物，我可能会平平稳稳地在单位上班直到退休。"

抓住机遇，淘宝创业

　　2008年4月，同事们准备一起去烧烤，打算做奥尔良烤翅，朱连锋年龄最小，采购鸡翅的任务就落到了他的身上。朱连锋说："那时网络购物刚刚兴起，我就在电脑上搜索奥尔良口味，结果看到上海一家公司生产。"买回来后，大家对此赞不绝口。

　　既然大家都这么喜欢，为什么不自己进货来卖呢？朱连锋联系到上海厂家，投入600元购买调料包，并在淘宝上开了家小店开始销售。

　　结果两天时间调料全部卖光，赚了300元，这是朱连锋没想到的。这次试水让他看到了机遇，做了几天的思想斗争后，朱连锋决定辞职创业。半年后，他靠600元起家，在淘宝销售调味料赚了4万元。

7年时间，销售过亿

朱连锋很快就发现，由于产品单一，消费者复购率并不高。2009年，他将目光投向了家乡特产——靖江肉脯。当时淘宝网已经有几家销售靖江肉脯的网店，但是由于价格战，肉脯价格一直卖得不好，利润很低。

朱连锋说："传统的肉脯很硬很咸，我就想能不能在口味上做做文章。"为了找到适合市场的口味，他辗转浙江、上海等地做市场调研，据浙江、上海一带的顾客反映，肉脯如果甜一点就更好了。

根据市场反馈，朱连锋第一时间找到一家生产商，合作推出了靖江首款蜜汁肉脯，结果一炮而红。

朱连锋说："当时淘宝上一斤肉脯的价格是28元左右，我们的蜜汁肉脯每斤卖36元还是供不应求。"那段时间的销售额，从每月几百突然飙升到上万。到了2012年，由于业务量太大，朱连锋成立了"靖江叉叉商贸有限公司"，当年实现销售额607万元。

2013年，朱连锋在天猫开设"牛叉叉休闲食品旗舰店"，当年销售额过千万元。2014年，朱连锋带着企业入驻海陵工业园区内的歌德电商园，当年仅"双11"一天，"牛叉叉"就实现销售400多万元，位列淘宝食品类全国销售第11位，全年实现销售额过亿元。

每个年轻人都应该有梦想

关于创业的风险与梦想，朱连锋这样说：

"我辞职创业是28岁，当时的想法是自己还年轻，就算失败了也是一种人生经历，但如果不去拼一下，闯一下，未来可能会后悔，我觉得年轻人都应该有梦想，未来有无限可能。

"原先我是一个人创业，现在我是在帮着别人创业，作为泰州最早从事电子商务的人，我对电商模式很了解。

　　"从去年开始，我们企业在泰州进行了多次电商培训，主要面向两类人：一类是农产品产地的农民，我们培训他们如何在网上销售自己的产品；另一类是大学生，我们告诉他们怎么通过电商创业。

　　"泰州自古以来就是富庶的鱼米之乡，特色农副产品丰富，再加上我们有一支庞大的电商从业人员队伍，只要政府加以扶持引导，泰州电子商务发展会有很大的潜力。"

留住老客户，赢得回头率

开网店，留住老客户，赢得回头率才是硬道理。从10年前的淘丰富，到5年前的淘便宜，再到现在的淘品质，随着消费者需求的不断变化，网店的经营模式和策略也随之不断变化，老一套的网店经营模式已经无法赢得消费者的认同了。

在淘宝、天猫开店，要尽可能地将顾客细分、再细分，把握住你最了解的一群细分顾客的最大需求，将最适合他们的产品卖出去，认定这样一群顾客为"上帝"，并服务好他们。切记不要把所有的消费者都当成你的顾客，没有任何一家店铺可以将产品卖给所有人。

随着客户群的逐步稳定及顾客数量的不断增长，顾客的需求会更多，然后根据他们的需求找到或研发新的产品，慢慢地，你的店铺规模就会越做越大。

把自己当成第一个顾客

想要经营好网店，首要任务就是吸引顾客、留住顾客。没有顾客，再好的产品也不可能成为爆品。因此，开网店要以顾客的思维去考虑店铺的运营，把自己当成第一位顾客，只有这样，当你在做一个页面时，才会想到顾客最想看到什么图片和文字，也就会想到最能够吸引顾客购买的因素是什么，这样能避免许多错误。

另外，经常与顾客互动可以帮你迅速判断哪个产品畅销，哪个产品为什么卖不出去，并及时做出正确的调整。完成这些工作后，就不要把自己当成顾客了，而是要看顾客有什么反应。例如，你更换了一张宝贝的橱窗图，观察一下顾客的点击率是提高了还是降低了；你更换了宝贝介绍的内容，统计一下实际顾客的转化率是提高了还是降低了。

用心留住老顾客

对于经营网店而言，留住老顾客至关重要。留住老顾客不仅能降低网店运营成本，还有利于发展新顾客，最重要的是老顾客可以保证网店的销售额。留住老顾客除了要保证产品质量外，还要从服务方面用心做到以下几点：

1. 与客户保持良好的沟通

网店与实体店不同，从买家付款到收货确认并给予评价，一次交易才算完成。与顾客保持良好的沟通，顾客才会认真地去评价，当买家收到宝贝后，卖家应该积极询问买家是否满意，有哪些需要改进的地方，并真诚地表示感谢。卖家对顾客发自内心的感谢，会让顾客有被重视、被需要的感觉，这样才能逐步搭建起信任的桥梁。

2. 建立顾客数据库，收集顾客的信息

收集顾客的信息包括收集顾客的联系方式、性格、脾气、爱好，以及主要对店铺哪些产品感兴趣，等等。将这些信息整理汇总，建立一个顾客数据库，便于为顾客提供个性化服务。例如，顾客生日或节日时，卖家可以亲切地问候一声，或者送一些小礼物，这样可以培养顾客对自己网店的忠诚度。

3. 其他小技巧

交易完成不代表销售的结束，而代表下一次交易的开始。卖家只有用心对待自己的顾客，网店才能持续经营，经营网店有许多小技巧，例如定期举办活动、分享宝贝的保养知识或搭配技巧等。但是，卖家一定要明白，任何技巧都是建立在诚信的基础之上，否则所有技巧都会让顾客觉得虚情假意，从而不再

光顾你的店铺。

赢取顾客回头率

赢取顾客回头率是经营网店最大的难题，淘宝网店大部分卖家的回头率都不是很高，尤其是那些卖低价、廉价商品的店铺，因为产品性价比本身就不高，难以给顾客留下好印象。另外，服务态度无法让顾客满意，顾客再次购买的概率很小。

对于网店而言，老顾客是网店宝贵的资源，如果一个老顾客一年能回头10次，远胜过开发10个新顾客。因为开发新顾客需要很多成本，比如，直通车的费用等，而老顾客回头是不需要任何费用的。因此，要定期对老顾客做些回访，赠送一些小礼物，做好情感营销，保证老顾客的回头率，网店才能生存。

顺势而为，打造极致产品

正所谓"知己知彼，百战不殆"，在淘宝、天猫开网店，必须要对这个电商平台的特点、规则、发展方向等方面有一定的了解，才能顺势而为，经营好自己的店铺，打造出属于自己的爆品，一举创立自己的品牌。

淘宝网自2003年创立至今，已经拥有近5亿的注册用户，每天有超过6000万的固定访客，平均每分钟售出4.8万件商品。随着规模的扩大和用户数量的增加，淘宝网也从单一的C2C网络集市发展成为包括了C2C、团购、分销、拍卖等多种电子商务模式的综合性零售商圈。

从功能属性向情感属性演进

淘宝网发展至今，一直处于发展和变革之中，其中三次大的变革分别是卖便宜、卖方便、卖小而美。

1. 卖便宜

淘宝成立初期，大量中小卖家纷纷涌入，为争夺有限的推广资源和用户，展开了残酷的低价竞争，同类产品价格没有最低，只有更低，淘宝也成了便宜的代名词。

2. 卖方便

淘宝经营初期，获得了一批忠实的用户，同时也出现了许多明显的问题。淘宝意识到要赢得长足的发展，必须构建强大的服务体系，支付宝、阿里旺旺等产品的上线，标志着淘宝进入了"卖方便"的发展阶段，商家与消费者沟通更加便捷，支付安全更加有保证。

3. 卖小而美

2012年，天猫作为一个独立的B2C平台被拆分出来，同年9月，马云在第九届网商大会上指出"小而美是未来电商的方向"。2012全球十佳网商的评选，不看业绩，不看人气，就看小而美。

"便宜"是一个大痛点，"方便"也是一个大痛点，但"小而美"只是一个趋势，对于顾客而言，还算不上大痛点。但是，从淘宝传递出的信息不难看出，淘宝正在从电商平台功能属性向情感属性演进，从电商平台向生活方式平台升级。

抓住"便宜""方便"两大痛点的早期网店店主，都搭上了淘宝发展的顺风车，不少淘宝网店借此创立了自己的品牌，成就了创业梦想。例如依靠一款爆品引爆了坚果市场的"三只松鼠"（见图7-1）。

图7-1 天猫三只松鼠旗舰店界面

经营好网店，打造出自己的爆品，必须要紧跟淘宝发展与变革的趋势顺势而为，这点对于新手店主尤为重要。目前，淘宝正处在一个巨大的转折点，因此，哪家网店能挖掘出"小而美"背后顾客的大痛点，谁就将成为下一个成功者。

聚焦个性，打造极致产品

在产品严重同质化的今天，网店经营者凭借什么打造爆品？第一是"个性"，第二是"情感"。在挑选产品时要注重两个极致，第一是产品"品质"极致，第二是"服务"极致。

从情感方面来说，就是网店店主要转变经营观念，从卖产品上升到兜售生活方式的层次，让你的顾客感受到在你那里卖的不是产品，而是自我表达和对生活的想象。在具体操作方面，要把握以下三点：

1. 大数据

网店经营不能凭个人喜好和感觉，要学会利用大数据挖掘和分析用户的个性化需求，精准洞察用户的痛点。

2. 移动化

随着移动互联网的快速发展和普及，淘宝大量的流量来自于各种各样的社区，因此，网店经营不能完全依赖PC端的推广，一定要把握住移动互联时代的特点，从产品推广、个性化包装等方面，投向移动终端。

3. 酷

经营好网店，必须要针对性满足用户的个性化购物需求，坚持"你无我有，你有我优"的原则。现在的消费者，尤其是年轻顾客，更倾向于购买酷炫的商品，如奇葩的手机壳、个性化的配饰等，如果网店能解决用户的这些强痛点，将直接转化为持续的口碑和生猛的购买力。

2013年初，阿里发布的《小即是美——2012年度网商发展研究报告》中明确指出，"小而美"是电子商务平台和生态发展的方向，如果淘宝进化成"万酷的淘宝"，你的网店该如何经营？网店的发展方向，你该如何把握？

抓住顾客痛点，做好店铺优化

学会分析顾客的心理，抓住顾客的痛点，深挖产品功能与顾客需求点，激发其购买冲动，并最终引导顾客下单完成交易，是经营好淘宝网店的关键。简单说，就是围绕着顾客的痛点进行产品营销。

提高淘宝网店的产品销量，除了提升产品质量、服务质量、物流速度等方面外，最重要的就是学会挖掘顾客的痛点，做好店铺优化，提升流量。痛点最能刺激消费者的神经，是打开消费者购物欲望的突破口。

痛点营销

想要抓住顾客的痛点，首先要分析顾客的心理。这就需要换位思考，先把自己当作顾客，如果自己想要购买一件产品，想最先看到什么，什么原因会促使自己购买，然后再制定相应的营销策略。

1. 让顾客产生"占便宜"的感觉

例如，将"买2件减20，买1送1，7天无理由退换"等吸引点，以及产品优势都罗列出来，展示在最前面，让顾客产生"占了便宜"的感觉。如图7-2。

图7-2 劳伦狮丹促销界面

2. 清晰的产品定位

顾客进入店铺，最想看到的是产品，因此，你需要把产品的特点和与众不同的一面展现出来，吸引顾客的眼球。如图7-3。

图7-3 腔调非常小店产品展示界面

3. 形象冲击力

形象冲击力也就是产品效果，这需要1~2张有冲击力的图片，可根据季节和品牌特性来设计，将产品形象充分地展现出来。以女装为例，如下图7-4。

图7-4　雪纺衫女吊带条纹西服裙广告界面

4. 突出卖点和细节

产品页面，一定要分清主次，开头点题，后面重复强调卖点，能让顾客一眼看出产品的总体和细节。这方面做得足够细致，顾客看到这里就可能决定购买了。以服装为例，顾客关心的卖点无非是品牌、款式、面料等，因此一定要图文结合，将这些卖点和细节描述清楚。

5. 痛点与解决方案相结合

细节决定成败，在展示产品时，要充分利用微距、光影等效果，将产品的质感与特点展现出来。这个特点，不仅仅是表述产品有多么好，还要展示自己的产品能为顾客解决什么问题。例如，女性顾客最怕胖，如果卖女装，最重要的是突出修身显瘦，不妨列出一堆烦恼，让顾客联想到自己。既然购买这款产品可以解决这些问题，顾客自然就会忍不住下单了。

6. 产品对比

没有对比，就没有好坏。要说服顾客购买你的产品，就要证明你的产品比别人的好，不但要和差的比，还要和好的比，只有这样才能凸显你产品的相对优势点。

总之，在经营网店的过程中，要想抓住顾客的痛点，就要站在顾客的角度深入了解其所需，继而结合你的产品功能，直击痛处，满足顾客所需，这样才能触发顾客的购买冲动。

店铺优化

许多网店店主明知自己的网店存在这样或那样的问题，但是不知道该怎样对自己的店铺进行优化。实际上，店铺在优化的过程中，不仅需要调整各种产品信息，还需要考虑新老顾客的需求，如果在优化的过程中偏离了目标受众的需求，不仅无法赢得新客户，还会失去老客户。

1. 精准装修

什么是精准装修呢？简单说，就是你店铺的装修风格一定要与产品特点相匹配，与目标受众心理需求相匹配。店铺装修好之后，就要引流了，首先要把免费流量做好，不要一开始就想着站内、站外大力推广，如果一开始没有销量，后期推广就很容易做无用功。

2. 优化关键词与标题

接下来就是标题优化了，标题优化的技巧有很多，一个标题中包括品牌词、商品名、定位词、属性词、功能词等元素，也是获取免费流量的重中之重，如"××家2017春夏新欧美性感睡衣风蕾丝拼接V领吊带背心女外穿上衣"。

因此，标题要精炼、精准，还要包含产品的主要信息，这就要涉及关键词的运用了。网店在开业初期，店铺信誉度较低，我们要将这些细节做好、做精，关键词要多搜，多看热词排行，只有优化了关键词和标题，流量才有可能提升。这些做好之后，就可以着手推广店铺了。

随着移动互联网的发展和智能手机的普及，淘宝无线端已经逐步成为主流，利用手机购物的用户越来越多。淘宝默认有手机详情的是会增加权重的，同样的关键词，有手机详情的宝贝比没有手机详情的排名靠前。因此，未来淘宝网店营销策略及优化策略的重心，一定会向移动端倾斜，真正做到"小而精、小而美"。

挖掘潜在顾客，满足顾客的需求

互联网逐渐覆盖了人们生活的方方面面，越来越多的人试图通过网络来创收，有些人认为，淘宝店远不如四五年前好做了。其实，当你的思维还停留在过去时，网店经营一定是艰难的；如果你的思维能够跟上互联网发展的速度，那么机会永远多于困难。

无论是经营实体店还是网店，目的是通过完成产品销售实现盈利。能否完成销售这一环节，关键并不是产品，而是顾客。没有顾客，再好的产品也卖不出去。反之，拥有了大量的顾客后，才能促进产品的优化，形成良性循环。

是不是随着在淘宝开店的卖家越来越多，顾客都被瓜分殆尽了呢？其实不然，虽然卖家不断增多，但是消费者的需求同样也在持续增长。我们要学会在满足顾客个性需求的同时，挖掘潜在顾客。这是开网店的基本功，也是一个重要的技巧。

进入顾客的内心

淘宝卖家想要挖掘潜在顾客，就得准确地体会顾客的所想、所感。顾客为什么要买你的产品？因为你的产品满足了他们日常生活中某方面的需求。因此，挖掘潜在顾客的关键点就在于能否站在顾客的角度去思考和理解。例如，你网店中经营的产品是高档皮包，你应该学会这样思考：

（1）买高档皮包的人，收入相对较高，只要性价比高，质量好，价格贵点也没关系。

（2）如果自己是顾客，选择皮包的标准是什么？品牌还是款式？

（3）进入店铺后的体验如何？

（4）买到这个皮包后，能否让自己更上档次，在朋友面前不丢面子？

（5）买这个皮包是不是为了参加某个聚会？通常什么情况下才会买皮包？

（6）皮包的产地是否符合自己选择的标准？

（7）这款皮包的品牌形象如何？

当然，还有很多可以思考的点，甚至可以继续深入下去。这里只说明要学会用逆向思维思考问题，只有学会了逆向思考，站在顾客的角度思考问题，才能精准地把握顾客想要什么，自己该卖什么。总体来说，想要挖掘潜在顾客群体，只有将顾客内心深处的需求点挖掘出来，灌输到你的产品中去，把价值不断放大，才能促使顾客下单。

抢夺客户资源

当今，产品同质化严重，如何从同类产品中脱颖而出，不仅关乎能否将自己的产品打造成爆品，还决定了自己的店铺能否生存下去。

首先，我们要分析，同样的产品，别人家店铺销售火爆，为什么自己的店铺销量一直上不去。这时候，就要用逆向思维分析竞争对手都做了哪些推广，这样的推广效果怎么样，然后改进自己的推广方式。

其次，针对此类产品顾客的需求点，找出与众不同的个性化卖点并放大，在服务模式与服务质量方面做到同行最优。

最后，拓展推广渠道，争取移动端顾客流量，同时研究竞争对手的合作对象和媒体链接等，与竞争对手的合作媒体建立合作关系，抢夺顾客资源。

总之，如果你能进一步提升自己产品的价值，就能在顾客资源上轻易战胜竞争对手，从同行业中脱颖而出。当你的忠实顾客资源累积到一定程度时，你的产品成为爆品也就指日可待了。

老顾客推荐

目前，对于淘宝网店而言，开发一个新顾客的成本越来越高，而维护一个老顾客的成本是非常低的。因此，在做好产品营销的同时，一定要注重售后服务，维护好与老顾客之间的关系。例如，在老顾客购买时，给一些特别的赠品或优惠，鼓励他们再次购买；完成交易一段时间后，主动联系顾客，询问体验好坏，帮助顾客解决相关问题。

只要服务到位，老顾客就会主动推荐朋友来购买你的产品，如果老顾客成功推荐一个朋友，那么你可以提供一些优惠措施，这样，新顾客变成老顾客，又推荐新顾客，你的顾客资源就丰富起来了。

总体来说就是，服务好了一个顾客，就等于服务好了他身边若干个潜在顾客。只要能做到掌握消费者心理，将产品描述或促销做到位，留住老顾客，发展新顾客，网店的发展就会越来越好。

锁定目标群体，每一颗子弹都要命中目标

每款产品都有一类目标客户群体，如果你能精准锁定你店铺的那一类目标客户群体，就意味着你锁定了最优质的客户，就能保证你营销的每一颗子弹都能命中目标。

什么是目标客户？简单说就是产品或服务的针对对象。任何一款产品，都能满足某一群体的个性化需求，爆品就是建立在这一基础之上而诞生的。经营网店，打造爆品，必须要学会锁定对自身产品有需求的这一特定群体，实现精准营销。对于淘宝、天猫网店，如果你能圈定符合产品特质的这类客户群体，也就意味着你能够获得源源不断的客源。

精准锁定产品的潜在客户

潜在客户是目前没有消费，但很有可能成为店铺新客户的群体。如果要圈定这类群体作为网店挖掘的新客户去推广，必须要坚持两点原则：

（1）圈定人数要足够多，只有这样才能保证挖掘到足够的新客户。

（2）圈定的这类群体必须是没有在你的店铺消费，潜在需求没有被激发的人群。想要拉到这类客户，必须要做到激发、放大这类人群对你产品的渴望，保证转化率。

网店店主如何才能精准锁定产品的潜在客户呢？不同网店有不同的做法，也有不同的执行特色。但万变不离其宗，具体操作主要有以下几个步骤：

（1）初步界定你产品的潜在客户。

（2）通过购买力对这些客户进行区分。

（3）锁定这些客户的购买轨迹。

（4）锁定对需求有针对性及紧迫性的客户。

（5）通过消费次数锁定容易成交的客户。

（6）市场聚焦，切割市场进行细分。

（7）提取所有精准客户的特征进行不断循环优化。

做目标客户分析，初步界定你的客户，必须要谨记你的产品不可能满足所有人的需求，但一定有一群人对你的产品有需求，我们要做的，正是锁定所需产品人群的基本属性，然后针对这部分人群的特殊需求进行精准营销。

深入发掘老客户的需求

不断吸引新客户的同时，做好老客户的维护工作，网店才更有生命力。正常网购过程中，只有老客户才会没事逛你的店，发掘老客户的需求，有利于增加网店的访问深度，访问深度增加，购买概率也就提高了。网店深入发掘老客户的需求，主要可以从以下两个方面入手：

1. 借助评价系统做分析

评价体系已经成为网络零售的核心，由于竞争激烈，服务也成为网店脱颖而出的利器。客户的好评与差评是服务好坏最直接的反映。网店店主一直比较关心中差评，许多中小卖家指出，一个差评可以影响很长一段时间的销售额。那么，我们怎么通过评价系统来分析老客户的需求，并完善我们的服务呢？下面我们通过两个案例来说明。

案例一：发现问题，及时改进

×××女装店有件爆款产品，月销售上千件。经过一段时间，流量并没有下降，销量反而大幅度下滑。究竟是什么原因呢？店主打开店铺，分析这款衣服的销售曲线，发现明显是一开始越卖越好，评价出来后，越卖越少。店主从评价中发现了许多共性的问题，并将这些问题进行了总结，找出需要改进的地方主要有内衬、领口扎人、还有袖子的问题。

店主立即针对这些问题调整了产品，并在产品详情页面加以说明，等这批新货发出后，店主紧盯着客户的评价，并主动联系老客户做修改后的调研。最后，经过一系列的调整，好评回来了，销量再次上去了，这款产品再次成为爆款。

案例二：锁定目标受众，精准展示

××男士箱包店铺的购买比例仅为9∶1，为了改变这个现状，店铺做过一些活动，比如晒好评拿优惠券、包裹里放VIP卡等，但效果都不明显。不仅如此，店铺还将装修模板做了修改，结果访问深度还是不高。

通过看评价，发现店铺的消费者以男性居多。这群消费者对品牌、品质的关注多过对折扣优惠的关注。店主发现了问题，立即着手调整，将品牌概念和箱包制作工艺植入产品详情页。经过一系列的调整，店铺访问深度逐步增加，销量也开始稳步提升。

评价越多对潜在消费者的帮助就会越大。有过体验的老客户自然会将你的店铺与其他的店铺区分开来，消费者评价逐渐就变成了店铺的金字招牌。既然是金字招牌，就要充分利用起来，将它放在最醒目的位置，例如，在产品图片的旁边放上产品评价的提示条，既能让消费者一目了然，又能体现店铺的独特性。

2. 主动出击，通过调研挖需求

既然只有老客户才会没事逛店铺，那么，让这些老客户在店铺逛出意犹未尽的感觉，就是挖掘老客户需求的目的所在了。这种需求，只有通过调研才能挖掘出来。因为每个消费者的需求都有差异，比如，有的顾客买包是因为在意别人的看法，有的顾客买包是为了当作礼品，有的顾客买包是赠品很有吸引力，等等。因此，做好老顾客调研能帮助店铺提升回头率，也是提高网店访问深度的制胜法宝。

淘宝很多小店铺为什么无法做到大店铺的访问深度？要知道，访问深度一定是关联销售加老客户随意浏览的综合，其根本原因是小店铺将重心全部放在关联上面了。因此，经营网店，不是说推广做到位，销量就能提升，产品就有可能成为爆品。了解自己面对的是什么类型的消费人群，锁定目标受众，深入挖掘新老顾客对产品的需求，才能在新品不断上线时，向客户推荐合适的产品，做到弹无虚发。

第八章

抢占先机，制定爆品营销战略

　　近年来，虽然网商数量与日俱增，但是许多网店因为缺乏营销策略，只是昙花一现。因此，制定既适合网店发展又适合网络环境的营销战略，对于打造爆品就显得十分必要了。

开网店就是拼品种，拼服务

随着全民进入网购时代，许多怀揣梦想的人涌入淘宝开店，但是最终生存下来，并做大做强的，又有多少呢？小于就是众多淘宝小卖家中脱颖而出的"80后"，根据自己多年经营网店的经验，她总结道："开网店就是拼品种，拼服务。"

1500元开启创业路

电子商务迅速扩张的时期，在服装公司上班的小于萌生了开网店的想法，根据自己的工作经验，她将经营目标锁定在了泳装类产品上，于是开设了一家淘宝小店。对于为什么选择开网店，小于的理由跟多数人一样，那就是成本低。

小于说："就是用1500元购买了一台二手电脑，从代理商那里进到第一批货。"网店筹建过程中，小于发现在淘宝网做泳装生意的不少，但只做一个牌子的卖家却很少，于是，她挑选了一个竞争相对较小的品牌，开起了自己的网店。

在很多卖家固有的思想中，顾客大多倾向于购买省内卖家的产品，主要因为可以缩短快递运送时间和节省一部分运费成本。

但小于认为，这并不是主要原因，产品大同小异的网店中，服务态度和产品售后才是决定性因素。因此，小于一直都是直接从经销商那里进货，在进货渠道方面保证了商品质量好和品种齐全，同时更好地提高服务质量，保证网店的好评率。

专心才能成功

网店走向正轨后，小于就辞去了工作，完全投入到网店的生意中了。很快，网店营业额翻番，进入了快速发展中。

对于辞职，小于当时意识到，在淘宝小卖家中，公平的价格与良好的客服，已经逐渐成为人们挑选的必备条件，上班、开网店兼顾的运营模式，势必将导致两败俱伤的局面，正是这份专心让小于的网店成为淘宝卖家中的佼佼者。

成功经验

谈到成功经验，小于说："淘宝小卖家一般整体利润相比实体店会低一些，但是，网店更多关注的是量的问题，量越大，打开页面按条件进行搜索时小店的整体排名会上升，关注小店的顾客自然就会增多，成功购买的概率也会增加。即使厂家在天猫开店，但是价格比较高，对这些小卖家不构成一定的竞争威胁，因为厂家开店更多的是起到一个宣传品牌整体形象，介绍产品，宣传公司文化与品牌故事的作用，而网店幕后最大的赢家，更多的是淘宝小卖家。"

小于兼职创业，没有启动资金，却凭借着自己的智慧取得成功，这对于那些抱怨生存空间越来越小的淘宝小卖家而言，能起到很好的激励效果。心有阳光，便能看到方向，并为之努力；反之，即便给你再多的机会，也不可能走向成功。

淘宝、天猫爆品选择策略

爆品是淘宝、天猫店带动其他产品销售，提高店铺整体销量的重中之重。无论是中小卖家，还是企业旗舰店，想要在竞争中胜出，爆品是关键。爆品也是产品，在打造爆品之前，哪些产品具备成为爆品的潜质，选品又是关键。

店铺经营离不开产品，想要获得高流量、高利润，更离不开爆品。但是，并不是店铺内所有的产品都能成为爆品，如果你想将店铺内所有产品都打造成爆品，结果只能是没有爆品。爆品的价值不只是自身销售利润丰厚，更在于带动店内其他产品的销售，提高店铺知名度。

因此，一个盈利稳步上升的店铺，产品结构一定要合理，优化自己店铺的产品结构分配，才能达到理想的效果。只有弄清楚爆款、引流款与利润款的区别，才能正确地制定出爆款产品选择策略。

爆款、引流款与利润款的区别

1. 爆款产品

简单说，爆款产品就是销售非常火爆的产品，高流量、高曝光量、高订单量。但是，通常爆款产品不是利润的主要来源。一般情况下，达到高流量、高订单的产品，价格相对较低，卖家在打造爆款产品的前期阶段，应把利润尽量降低，做好不盈利的准备。

2. 引流款产品

引流款产品指的是给店铺和店铺商品带来流量的产品。同样，此类产品价格也不能过高，它不是利润的主要来源，通常不获利或获利很少。与爆款产品配合，将会起到非常好的效果。

3. 利润款产品

利润款产品简单说就是店铺主要的盈利产品。通常，一家店铺除了爆款和引流款外，其他产品都是利润款。此类产品虽然流量不多，但是利润高。爆款与引流款，实际上是为利润产品销售所做的铺垫。

怎样选择爆款产品

经营一家网店，我们需要一个或几个爆款产品来引流，但是许多人在爆款产品的选择方面，都习惯性选择自己喜欢的产品或线下积压的库存。这种误区导致店主无论花费多大力气，都无法将其打造成为爆款产品。那么，哪些产品具备成为爆款产品的潜质呢？

1. 时下流行的产品

时下比较流行的产品很容易成为爆款产品，另外季节性也很重要，尤其是服装类季节性比较强的产品。

2. 阿里巴巴热卖产品

可以通过阿里指数来看目前的类目关键词热度，推测当下火爆的是哪类产品。也可以在阿里巴巴上面查询相关同类产品，然后在店铺中选择类似的产品进行爆款推广。

3. 店铺人气产品

我们要选择的爆款产品不应该是自己喜欢的，而应该是买家浏览产品时认可的产品，店铺中产品的被访量、产品浏览跳失率、销量、成交转化率等对于选择以及打造爆款产品都有很重要的作用。

4. 价格优势产品

选择爆款产品，价格越有优势越好，这种优势并非价格越低越好，而是要选择性价比较高的产品。

5. 款式齐全

选择爆款产品，首先要保证产品受众群体相对广、颜色多、尺码齐全等，符合产品的消费群体目标定位，保证在推一款产品的同时，推了多件产品，提高产品整体的成交转化率。

总之，打造爆品是经营网店的一个重要环节，产品结构的完整、物流、售后等，都是不可或缺的。想要打造一个完美店铺，选择的正确性比经营策略更加重要。一款产品能否成为爆品，涉及的因素和细节非常多，下面就将淘宝、天猫爆款产品选品细节与流程，详细地呈现给大家，如表8-1。

表8-1 淘宝、天猫爆品选品细节与流程

淘宝、天猫爆品选品细节与流程			
选品	爆品	市场分析	1. 类目的容量：类目的流量、点击、竞争产品数等 2. 价格区间：根据销量分布，找出价格段占比 3. 人群分布：市场购买人群的初步分析 4. 地域分布 5. 购买高峰时段 6. 对手情况：前几位的价格区间，优势是否足够明显，劣势如何，对手的差评等 7. 商品属性分析
		产品体验	1. 自身产品体验：主推款必须亲自体验，设定体验流程，可借助公司人员完成部分体验 2. 对手产品体验：购买对手产品进行体验对比
		产品分析	1. 产品的定价：是否符合市场分析价格分布情况 2. 产品具备的优势是否足够明显 3. 产品明显的特征是不是消费者想要的
		产品初选	1. 产品初选需要在符合价格，特征明显的情况下，才能筛选出来 2. 产品筛选出来后，可配合产品体验流程，让公司同事进行二次筛选

淘宝、天猫爆品选品细节与流程			
详情优化	产品挖掘	提炼核心卖点	1. 产品定位：根据市场数据，以及竞争对手，定位的市场人群，市场位置等 2. 核心卖点的挖掘 3. 顾客需求点与核心卖点的相关性 4. 场景化核心卖点，呈现直观的核心卖点 5. 核心卖点带来的优势与好处
	文案呈现	排版/文案	1. 排版的逻辑性 2. 前三屏的重要性：前三屏要把产品的核心卖点结合消费者的需求，清晰地呈现出来 3. 文案要简练有力，直戳消费者
		图片拍摄呈现	1. 制定每张图片的拍摄风格、角度、场景，场景、风格需迎合顾客人群特性 2. 图片与文案的契合度，是否能呈现出想要表达的东西
上线测试	爆品测试	店内测试（7天）	1. 营销策划，制造气氛噱头 2. 首页以及关联充分展示，配合活动噱头 3. 客服推荐：给客服推荐的价格优惠权力 4. 收集产品的调试率、收藏率、转化率，具体范围值，需根据行业、对手等产品进行参照取值 5. 关键词优化：关注优化标题后的流量变化 6. 上下架优化：关注上下架的流量曲线
		投放测试（15天）	1. 累积一定销量与好评 2. 直通车投放测试 3. 收集产品的点击率、收藏、转化率等，具体范围值需根据行业、对手等进行参照取值
最终筛选确定	数据跟进		1. 根据市场价位、款式等销量排布，预测产品销量是否达到预期 2. 产品的销量是否有持续增长的趋势 3. 产品的转化、收藏是否达标 4. 行业市场的变化 5. 竞争对手的情况跟进

淘宝、天猫爆品展示策略

许多产品本身具备了成为爆品的潜质，但是由于淘宝、天猫店主在产品展示方面出现偏差，导致结果不尽如人意。打造爆品，不仅要将产品展示的部分做好，吸引顾客的眼球，还要做到产品图片与实物相符，留住顾客。

有些淘宝店主只是将产品的图片与型号放上，过于简单，对消费者而言毫无吸引力，有些店铺的产品展示做得很详细，但也无法引起消费者的兴趣。归根结底，问题就出在卖家对产品展示没有进行科学的规划，没有制定出一套合理的产品展示策略。

淘宝爆品展示的基本原则

产品展示是淘宝网店营销平台的核心内容，也是将流量变成商机的重要条件。科学合理的产品展示设计，有利于汇聚流量，引导转化，进而降低网店的营销成本，提升网店商品的转化率。

淘宝网店爆品展示是对展现入口、页面布局、内容设计、转化设计、用户心理等多方面的综合考量，进行信息、工具、资源的整合，实现以效果为导向的多种资源整合的总体策略，最终引导产品向爆品方向前进。

淘宝店爆品展示形式

淘宝店爆品展示形式的设计主要包括展示入口设计、展示页面布局、展示内容设计以及客户转化设计4个部分。

1. 展示入口设计

展示入口设计是指通过某种形式，能够最大化地将访客引导至产品展示窗口。产品展示入口通常分为产品广告入口、产品推荐区域入口、产品目录列表及搜索入口3部分。

以"双11"为例，不仅淘宝、天猫大促销，而且京东、苏宁和亚马逊等电商平台都加入到"光棍节"大促销的活动中。无论是中小卖家还是大企业，都争先恐后地通过本次促销活动为自己的店铺打广告。

当然，"双11"是有进入门槛的，并不是每个淘宝店都可以进入促销活动。另外，许多中小店铺，根本就没有成本与大商铺、大企业一起做降价促销活动。因此，中小网店卖家在展示入口设计方面，可以参考以下3点来操作：

（1）对于已经开展营销推广的网店，可以直接将产品展示页面作为广告着陆页，使之成为产品广告入口。

（2）在各大平台的重要页面位置放置产品推荐的内容，有效引导访客对产品进行关注。

（3）对于产品丰富的网店，要对产品类目进行科学合理的分类，保证用户可以随时、方便、快捷地对产品进行搜索筛选。

2. 展示页面布局

对要展现的产品信息进行分类整理，目标客户浏览习惯和心理变化过程布局是展示页面布局的核心要素。产品展示相关信息包括：

（1）产品自身信息，如图片、性能参数、说明、同类产品等。

（2）产品交易信息，如价格、供应量、配送、成交记录等。

（3）产品关联信息，如客户评价、成功案例等。

从心理学的角度来说，通常访客会首先关注产品的自身信息，然后是产品的交易信息，最后是产品的关联信息。对于同一类别的信息，访客关注程度也有区别，如产品自身信息中，访客首先会关注产品图片，所以产品图片在产品展示页面布局中应当占有重要的位置。

3. 展示内容设计

展示内容设计与展示页面布局紧密相连，要把握好以下几点：

（1）产品图片。清晰明确，方便浏览大图，展现产品最佳、最全面的状态。

（2）性能参数。结合产品特点，列举最受关注且起决定性因素的产品性能参数。

（3）产品说明。图文并茂，集中展现产品的使用效果、独特卖点、应用前景及售后服务等内容。

（4）交易信息。结合网店实际销售情况，清晰列举交易信息，引导访客快速做出交易选择。

（5）客户评价。客户评价是产品展示的有力武器，能充分说明产品的使用体验，从心理学角度给予访客对产品认同的暗示。

4. 客户转化设计

尽可能地汇聚流量，并提升转化率，达到提升网络营销效果的目的是客户转化设计的宗旨，重点在于着陆页优化及转化工具的科学应用。

产品展示着陆页优化要结合心理学理论，在网站链接引导、网页UI设计、网页内容编排方面实现优化，让访客能在第一时间获取想要的信息，并在决定采取下一步行动时，能够方便快速地做出转化工具的选择。

转化工具是访问者与中小网店建立联系的桥梁，通常只要能够使访问者与网站方进行互动，并能采取下一步措施的方式，例如电话、留言、订单、在线咨询，等等，都属于转化工具。

产品展示效果的好坏直接影响着转化率的高低，而产品只有以用户为中心才会得到用户的认可，才可能成为爆款产品。因此，网店打造爆品策略，应该围绕用户的心理需求及行为特征展开，贯穿网店营销的整个过程。

从普通访客变为消费者，用户心理经历了"需求驱动—信息感知—信息选择—综合决策—行为反思"五个环节。产品展示直接影响的是"信息感知—信息选择—综合决策"三个环节，因此，在打造爆品的过程中，"产品展示"的优劣起着决定性的作用。

淘宝、天猫爆品价格策略

能否打造出爆品已经成为淘宝、天猫开店成功的基本标志之一，那么，该怎样对爆品进行定价呢？

产品定价，一定要符合市场规律。随着淘宝网的不断发展，很多规则都在变，唯一不变的是，淘宝会将最好的资源向最好的卖家、最好的产品倾斜。产品好坏，最直观的体现就是销量，通常来说爆款产品的销量总是好的。

爆品模式是快速推动产品进入市场、实现阶段性业绩目标并产生品牌轰动效应的一种营销模式，自2013年创建以来，爆品模式通过实操验证，既适用于电商、微商模式，又适用于地面模式，具有投资少、周期短、速度快、效益高的特点。那么，爆品定价与其他产品有何不同，应该采用什么样的策略呢？

爆品的三个重要层次

1. 利用"羊群效应"，依靠该产品赚钱

依靠单品获取利润较为简单，好的单品，加上好的文案，进行一定的推广，就能达到效果。

2. 成为店铺流量入口，提升整个店铺的销量

想要做到这个层次，必须要有优秀的整体设计、关联产品，才能提升店铺的整体竞争力，带动其相关产品的销售。

3. 以该产品作为客户体验的入口，形成品牌推广

对品牌要有整体规划，明确定位，不论是产品还是服务，都要突出特点和亮点，保证自己的店铺在海量卖家中能被客户记住。

实际上，只有做到第三个层次，爆品才能成为品牌，也才能称之为爆品，才有持续的竞争力。依靠某些小技巧，可以形成短期爆款，但很难长期生存下来。因此，爆品在定价方面，也要考虑这些综合因素，围绕着你的核心策略来定价。

爆品的定价原则

在打造爆品的具体操作过程中，总会有意想不到的事情发生，准备好备选方案，随机应变非常重要。经历了选款、测款之后，打造爆品也就进入了第三阶段——给产品定价。如何给爆品定价，也是让许多卖家头疼的难题。

定价错误意味着店铺抓不住目标客户、核心人群，面对竞争将会举步维艰，直接影响到店铺销售。好产品、好服务，让客户感受到价值是定价的基础。详情页、营销方案等，目的都是让客户了解价值，而品牌效益也是一种价值。

另外，同样的东西对不同的人而言，价值是不一样的，所以说，定价还要以客户为依据，什么样的客户决定了你提供什么样的价值。通常，爆品的定价区间为：成本<价格<价值，同时还要坚持以下几点原则：

1. 高性价比

即在淘宝、天猫同类型产品中有较高的性价比，这个高性价比不是价格有多低，而是综合你的品牌、店铺水准等因素，让顾客感受到你的产品有足够高的性价比就可以了。

2. 同类对比

即在本店铺同一类型的产品中，具有高性价比。没有对比就没有优劣，而消费者也喜欢通过横向比较来判断。同一店铺同类型的产品对比性很强，用其他款式的产品来突出爆品的性价比就是很好的选择。

爆品定价策略

1. 心理策略

心理策略主要包括4种方法，即尾数定价、整数定价、价值导向定价、最小单位定价。

（1）尾数定价。尾数定价又叫奇数定价或零头定价，是利用消费者在数字认识上的某种心理来制定尾数价格。如，399元、499元这样的定价给人的感觉是不到400元、不到500元，实际相差只有1元。

（2）整数定价。整数定价与尾数定价相反，把原本应该定价为零数的商品价格改定为高于这个零数价格的整数，一般以"0"作为尾数。通常整数定价策略适用于名牌优质商品。例如，两部同品牌不同款的手机，分别标价2985元和3000元，消费者就会认为3000元的手机性能和质量要好于2985元的手机。

（3）价值导向定价。根据顾客对产品价值的感觉及理解程度来制定产品价格。消费者对产品价值的认知和理解程度不同，就会形成不同的定价上限，如果价格恰好定在这一限度内，消费者就能顺利购买。

（4）最小单位定价。最小单位定价策略是指把同种商品按不同的数量包装，以最小包装单位量制定基数价格。例如，某种茶叶定价为每500克300元，消费者会觉得价格太高，于是放弃购买。如果缩小定价单位，采用每50克为30元的定价方法，消费者就会买来试一试。

总体来说，这一定价策略的目的是让买家感受到便宜、性价比高，同时也可以采用吉利数字结尾，引导顾客多买，也更有利于宣传。

2. 变相折扣

一口价偏高一点，给顾客多一点折扣，让顾客看到实实在在的优惠。

爆品定价不是随心而为的，必须坚持原则。同时，爆品也要考虑到利润，虽然爆品利润较低，但必须要能拉动其他产品的销售，比如，关联产品的销售，或者后期销售，等等。只有制定好价格策略，将价格定好了，才能成功地打造出爆品。

淘宝、天猫爆品促销策略

淘宝、天猫网店的促销策略与方法多种多样，如折扣促销、赠品促销、新产品上市促销、季节性促销、庆典促销等。鉴于互联网的特点，网络促销在时间与空间上、顾客参与程度上，以及具体促销手段上，都与传统促销有很大的差别。

淘宝、天猫网店对爆品采取有效的促销方案，有助于提升店铺的人气，增加店铺商品的成交率。需要注意的是，一是不同产品的促销方式不同，二是要准备好充足的货源。促销期间销售速度会比平时快，如果发生缺货现象，就会影响买家的评价，因为缺货导致差评就得不偿失了。

卖家要根据自己的实际情况，采取不同的促销策略，不要盲目跟风。那么具体该怎样制定好网店爆品的促销策略呢？首先，让我们了解一下淘宝都有哪些促销形式。

淘宝网店常见的促销形式

1. 折扣促销

打折是淘宝网店最常见的一种促销方式。由于网络渠道的优势，网上的产品价格比实体店要低很多，这就给产品折扣留出了足够的价格空间。尤其是折扣幅度较大时，很容易吸引消费者的眼球。

2. 抽奖促销

抽奖活动主要应用在市场调查、产品销售、扩大用户群、推广活动中。

3. 积分促销

积分促销形式是通过使消费者多次购买或多次参加某项活动来增加积分，并以积分获取奖品或优惠，进而达到有效的促销结果。

4. 联合促销

与不同商家联合进行促销，使促销的产品起到一定的优势互补、互相提升自身价值等效应。

5. 赞助促销

采用栏目赞助或活动赞助等形式，在赞助期间与网站开展促销活动。

爆品促销策略

1. 价格促销

（1）打折。打折促销可以很大程度上吸引消费者的眼球，是目前网络促销中最常用的一种阶段性促销方式，折扣促销主要采取不定期折扣和"捆绑式"销售的策略。

（2）包邮。邮费是网购环节中的重要一环，会直接影响消费者对网购价格的感知。店主可以根据产品价值和消费者购买商品的数量来相应减少或免去邮费，让消费者从心理上感受到优惠。

2. 主题促销

越来越多的中西方节日成为购物的理由，在这些节日来临之前，消费者都有着很强的购买欲望和购买冲动。以"双11"来说，节日到来前，很多人都已列好购物清单，等待"双11"那天以低价购买到心仪的产品。

网店店主可以在节日当天，以低于平时价格或最大限度的折扣来促销产品。虽然折扣会造成爆款产品利润下降，但是同时也会提高总销量，带动其他产品的销售。

3. 公关促销

（1）以赞助等形式的公关活动加大网上宣传力度。

（2）与银行合作对支付手段进行宣传。

4. 红包促销

淘宝网上有一种"红包"促销道具，卖家可以根据爆品的不同情况，灵活制定红包赠送规则和使用规则。这样不仅可增强店内的人气，还可以促使客户在短期内再次购买，有效提高回头率，增加店铺其他产品的浏览量。

5. 社区促销

关注淘宝网不定期在不同板块组织的社区活动，积极参与，就有机会得到更多的推荐。多在论坛、微博等社区发帖、回帖，会让越来越多的人关注你的店铺，提升产品成交机会。

总体来说，淘宝、天猫爆品促销的方式和策略非常多，上面讲述的只是几种常规的促销策略。只要你的产品有亮点、有特色，加上具有创意性的促销策略，打造成爆品并非难事。另外，还要充分利用店铺装修、公告及留言，营造良好的促销氛围。

尤其是合理、漂亮的店铺装修，能够让顾客赏心悦目，进而增强对店铺的信任感。优秀网店的促销策略总是层出不穷，每个卖家都可以根据自己店铺的实际情况，设计一套属于自己的爆品促销方案，让自己的店铺越做越大。

第九章

重塑品牌，引燃产品爆点

淘宝网以专注、快速、灵活的资源整合与服务能力，成就了一大批富有活力的网络品牌。2017年，我国依然存在大量品类品牌空白，有产品无品牌的现象比比皆是，这对创业者而言，无疑是一个长尾机会。

白妈创业，淘宝达人

爱美是女人的天性，2010年，手工皂风靡全国，关注日常护理的白妈也爱上了这项DIY。她休产假期间，开始尝试制作手工皂，同时也萌发了开淘宝店的想法。

开创淘宝DIY护肤小店

2010年8月，白妈开了一间属于自己的淘宝DIY护肤小店。她下定决心从诚信、安全、耐心、周到做起，上班再忙，也坚持服务每个光临小店的客户。开始经营的很长一段时间里，白妈都是一个人包揽店主、客服、制作、打包发货等所有工作。

无论是实体店还是淘宝网店，产品质量都是首要问题。白妈深知这个道理，因此她的所有产品在没有正式推出前，都是拿自己和几个较好的朋友做实验，并且详细记录敏感、干燥等不同肤质的使用者出现的效果，然后改良配方，做出更完美的产品。

白妈说："我们几个做DIY的朋友们经常在一起讨论产品的配方，觉得好的东西马上各自去做出来，通宵去做一个配方是常有的事情。"

遭遇重挫，重整旗鼓创立品牌

经过一年的苦心经营，白妈的店铺冲上皇冠，生意越来越红火，白妈再三思考后辞去了国企的工作，一心一意经营自己的淘宝小店。但是，让她没有想到的是，就在这个时候却遭遇了前所未有的挫折。

没有中文标明生产厂家、生产日期、厂名、厂址、QS标识，她自制的手工皂属于"三无"产品，被工商部门查封了。

这个消息几乎让白妈放弃了继续经营淘宝店的念头，但是经过检测证实她的产品是安全的，这给了白妈另一个机遇。她想，既然产品是安全的，客户是接受的，为什么不注册商标，做自己的品牌呢？

白妈下定决心，注册自己的商标，创立属于自己的护肤品牌，并且拥有了自己的团队。这不仅让白妈有了自己的品牌，还让她收获了更多的乐趣和成就感。

不说大话，辛苦耕耘

白妈听到身边的朋友都说"开网店真好啊，一点都不累，风险也小"，每次都是笑而不语。在淘宝开网店的日子里，白妈最真实的感受就是累，身体和思想从没有真正安定下来。白妈说："网店就像自己的孩子，要时刻关注和呵护，纠正它成长的错步，坚定它正确的步伐。"

对于网店成功经验，白妈认为保持初心，辛苦耕耘才有收获。她说："广告和包装只会为商家带来一次的客源，真正值得信赖的品质会让那偶然的客源变成长久的客户。不说大话，辛苦耕耘，这才是我的风格。"

开网店要有品牌意识

品牌对于企业而言，是一笔巨大的财富。对于淘宝网店而言，品牌是战胜竞争对手强有力的武器。许多淘宝店主缺乏品牌意识，对品牌认识存在诸多误区，导致自己花费了大量时间和精力去推广产品，却始终无法引爆销量，迟迟不去尝试创建属于自己的品牌。

品牌是一种识别标志、一种精神象征、一种价值理念，是品质优异的核心体现。创造及培育品牌的过程是不断创新的过程，自身有了创新的力量，才能在激烈的竞争中立于不败之地。品牌概念既来自品牌产品的品质，又对产品进行约束。产品因有了品牌，而使其与其他产品有了本质的区别，也就能够在产品同质化严重的市场竞争过程中占据优势。

品牌概述

品牌的英文单词Brand源自古挪威文Brandr，意为"烧灼"。人们用这种方式标记家畜等需要与其他人相区别的私有财产。中世纪欧洲的手工艺匠人也用这种方法在自己的手工艺品上烙下标记，以便顾客识别产品的生产者与产地，最初的商标就这样产生了。

16世纪早期，蒸馏威士忌酒的生产商为了防止不法商人偷梁换柱，将威士忌装入烙有生产者名字的木桶中，1835年，苏格兰的酿酒者使用了"Old Smuggler"这一品牌。

品牌在《牛津大辞典》里的解释为"用来证明所有权，作为质量的标志或其他用途"，即用以区别和证明品质。随着时间的推移和商业模式的不断改变，品牌所承载的含义也越来越丰富，并形成了专门的研究领域——品牌学。

网络时代，通过爆品营销创立品牌，目的不仅是将产品销售给目标消费者或用户，还要让消费者或用户通过使用体验对产品产生好感，不断宣传，形成口碑效应和品牌忠诚度，进而促使消费者或用户重复购买。

如果淘宝、天猫网店能够创立自己的品牌，并为自己的品牌树立起良好的形象，赋予美好的情感和一定的文化，那么自己的网店品牌及品牌产品在消费者或用户心目中就会逐渐形成美好的记忆。消费者或用户通过对品牌产品的使用，形成满意度，就会围绕品牌形成消费经验，贮存在记忆中，为将来的消费决策形成依据。

品牌对淘宝网店的作用

品牌是企业的无形资产，对于淘宝网店而言，亦是如此。一个好的品牌能够帮助淘宝网店迅速引燃爆品，战胜其他竞争对手，从而在市场竞争中处于优势。其主要作用表现为以下几点：

1. 节省营销费用

一个好的品牌不仅能留住老客户，还能吸引新客户，为卖家节省一大部分的营销费用。

2. 增加产品或服务的附加值

品牌可以满足消费者的心理需求，有品牌的产品或服务比无品牌的产品或服务的附加值更高，可以溢价出售，获得更高的收益。例如，同样一款运动鞋，大品牌的产品售价会相对更高。

3. 提升卖家形象

好品牌可以使顾客对网店产生良好的印象，这种印象直接影响顾客的回头率。

4. 提高卖家的竞争力

品牌产品可以使自己的网店在与其他对手的竞争中取得优势，消费者在购买过程中，除了对同类产品的横向比较外，品牌也是影响消费者购买决策的最大因素。

5. 有助于卖家扩展销售领域

品牌代表着信誉，代表着卖家对顾客的一致性承诺，有助于卖家扩展销售领域。

选择品牌产品开店，无疑省了很多麻烦，并且可以节省大量的营销费用。还有另外一种选择，就是创立自己的网络品牌，简单说就是用单品引爆市场，创立品牌，用品牌打造爆品，从而形成良性循环。

淘宝、天猫品牌建设

虽然大多数卖家都意识到品牌对在淘宝开店有着非常重要的作用，但是对于怎样建设自己的品牌是一头雾水，加强品牌建设对于淘宝卖家而言是一项艰巨的任务。

简单来说，网店经营者在经营过程中应注意塑造自己的形象，让自己的网店在消费者心中形成固定的印象，让更多的消费者成为自己的忠实顾客，其实这就是一种品牌建设。

那么，对于网店经营者而言，如何才能形成自己的品牌，让自己的产品引爆市场呢？

1. 确定品牌核心价值及品牌个性

网络品牌由于具有在自己的领域内做到数一数二才能生存的特点，因此品牌核心价值以占位主张为主。开一家网店，可以根据自己的资源和优势，提炼出自己品牌独特的价值主张，而这就是品牌个性及基调的确定。

例如，醉牙尖品牌锁定年轻人，迎合市场，推广小吃文化，追求口味与品质，迅速与市场需求达到了共鸣，如图9-1。

图9-1　醉牙尖官方旗舰店界面

2. 确定目标市场

目前，网络市场产品众多，包括实体产品、服务、游戏等。开一家网店，首先要根据自身的资源情况及熟悉的领域，选择一个细分市场作为自己的目标市场，千万不要将自己的店铺开成杂货铺，这也是网店创业的大忌。

3. 竞争品牌分析

开一家网店，竞争品牌分析包括主要竞争对手是谁、品牌与主要竞争对手品牌的相似程度、品牌与主要竞争对手品牌存在着哪些区别。

当然，开一家网店，能否成功创立品牌不单单在于品牌建设方面，还在于网店在品牌定位、定价、营销策划、活动执行、互动参与、粉丝俘获、产品生命周期策略改进等诸多方面的长期打磨。

网络品牌具有自身的鲜明特点，它需要网店经营者站在受众角度上去追求极致细节、周全服务，培养自己的粉丝，引起他们的情感共鸣。小米手机的成功，无疑是创建网络品牌最经典的例子。

除此之外，网店经营者在掌握一定的经营方法和技巧的同时，还要不断创新，只有创新，才有品牌。

淘宝店要快速建立品牌

淘宝、天猫上新开的店铺越来越多，消费者的选择变得更加丰富。对于商家而言，消费者过低的迁移成本，很容易让店铺之间陷入价格战的恶性循环。"双11"过后，大家记住了天猫这个品牌，而参与其中的数万商家与品牌，真正被消费者记住的，又有几个呢？

开店初期，对于创业者而言，快速地建立品牌和口碑，的确是一件非常艰难的事情。毕竟，不是每个商家都能像苹果、小米等公司一样，玩转品牌营销。但是，淘宝成立至今，在打造网络品牌方面，已经积累了许多成功的经验和失败的教训。那么，淘宝店怎样才能快速建立自己的品牌呢？

产品定位精确细分

万事开头难，虽然开一家淘宝店铺几乎不需要什么成本，而且店面空间可以无限大，想卖什么产品，卖多少存量的产品都可以，但是经过这几年的发展，但凡什么产品都卖的"杂货店"绝大多数都"死"了，反而只卖1～3类产品的店铺人气最高，而这些店铺仅有的几个品类，也都是相互关联的。

因此，产品定位细分非常重要，除非你想开超市，做平台，像京东一样有很完善的供应链，否则，你就要精简自己的类目。凡客就是最好的例子，盲目扩张，最后连拖把都卖，结果以裁员、精简品类来减轻库存及供应链的压力，最终回归到重新给自己的产品定位上面来。所以，淘宝卖家在给自己的产品定位时，一定要注意以下两点。

1. 精确的产品

精确的产品，就是说这个产品一定是最适合你的店铺的，要做到对这个产品的货源、议价能力都有信心，对这个产品的熟悉程度足以成为你店铺的一部分竞争力，你最好对这个产品的行业竞争情况了如指掌。

2. 细分的产品

产品细分要做到精细、专注，准确地迎合小众消费群体的需求。精确细分产品定位的意义在于，你在这个细分领域做得越专业，就越容易塑造品牌，先入为主地在消费者脑海里占据一定位置，当消费者产生了这方面的需求时，第一时间就会想到你。

阿芙精油就是绝佳范本，不仅数年如一日地精耕细作，更重要的是在销售过程中，向消费者注入使用精油的概念，如图9-2。因此，品牌说到底，就是一场着眼于未来的持久战。

图9-2 阿芙精油推广界面

专注于产品本身

随着电子商务的发展，那些低质量的产品，甚至是三无产品，已经再无立足之处。"工匠精神""酒香不怕巷子深"被频繁提及，正说明消费者对产品质量的追求，已经大于对产品功能及低价的需求。

如果你的产品质量非常差，你的推广就会带来灾难性的负面传播，凭借互联网的传播速度，再想翻身就不可能。

专注产品是打造品牌的基础，而且是一场持久战，无法一蹴而就。把好产品质量关、售后服务关，耐心赢得每一个客户，你会发现其实不需要多大的推广力度，你店铺的知名度已经慢慢铺开了，这就是口碑的力量，是投入再多的广告费也很难达到的效果。

总之，精确细分产品定位之后，更重要的是专注产品本身，做正确的事。这是淘宝店铺快速建立品牌的基础。

精准、持续、可回报的推广渠道

找到正确的推广渠道对于一个淘宝新店来说，是一件非常困难的事情，正如开店初期那样，首先要耐得住寂寞。精准、持续、可回报的渠道就是流往正确方向的水，投一块石子下去能听到声音。因此，想要找到推广渠道，一定要注意以下几个要点。

1. 精准

只有找到相关性强的网站，才能找到目标人群，推广才可能有回报。这就好比一家卖化妆品的淘宝店铺，不能到与茶叶有关的论坛上投放广告，否则就是受累不讨好。例如，许多卖手机配件的淘宝店，很喜欢到"91手机壳"这个站点投放广告，因为后者在手机壳领域已经拥有了大量的核心用户，这些用户都是潜在的手机壳买家。

2. 持续

推广要有持续性，不能只求曝光率，没有哪种推广有一锤定音、一劳永逸的效果。因此，推广一定要反复地出现在消费者眼前，这里面其实涉及了媒体投放组合的概念。也就是说，让投放的持续性在时间持续、空间持续方面，逐渐变成消费者生活的一部分。

3. 可回报

推广自然是为了得到回报，否则一切都没有意义。这里的回报不一定是利润，还包括流量、订单、用户回访、新用户挖掘等。当然，最终的目的还是获得收益。有时候，投放广告之后短期内很难在销售数据上看到效果，这就需要店主在推广之前要有预估，在心理上做好准备。另外，认为消费者购买决策都是因为"价格"的店主，选择性地忽略了产品的品牌，尤其是参加团购形式的推广，很容易得不偿失。虽然看似得到了销售量的回报，但是实际上对建立品牌是很大的阻碍。因此，这里的可回报，指的是具备品牌价值的积累。

总之，淘宝店铺想要快速建立品牌，看似简单，实际上有很多巨细的工作需要执行。互联网跨时间与地域的特征，让线上店铺能够凭借优质的产品、精准持续的营销在短时间内聚集大量用户。但是，想要在淘宝开店创业，建立品牌，就必须要明确，产品是一切的本源，没有好产品做支撑，即便建立起一时的口碑和品牌，也会像空中楼阁一样，瞬间烟消云散。

做品牌要讲好故事

爆品需要树立自己的品牌，才能增加爆点，在市场竞争中赢得胜利。马云用演讲的方式传播阿里巴巴品牌，他的这种方式被哈佛商学院命名为"零成本营销"，被写入了哈佛商学院的案例集。那些想要走爆品品牌路线创业的网店店主，更要从品牌故事开始。

品牌故事就是以品牌为核心，对品牌创立和发展进行故事化讲述，将品牌相关的文化内涵、经营理念等进行深度展示。每家网店做爆款产品的品类不同，每个品牌背后的故事也各不相同，但是，每个品牌故事的作用却是相同的。

会讲故事的重要性

很多人都听过马云讲故事，在听的过程中，不知不觉就接受了他的品牌。品牌故事的作用是它赋予了品牌生机，增加了产品人性化特征，将品牌与顾客的生活与情感融为一体。最重要的是，一个好故事可以引起受众的情感共鸣，甚至影响一代人。

大多数网店店主会说，做品牌，那是大企业才能做的事，自己一个小小的网店，哪有什么故事，哪能做什么品牌。其实，网络时代，没什么是不可能的，可以说网络时代就是一个缔造奇迹的时代。

品牌故事要增加消费者对品牌的正面认知，加深对品牌的印象，进而关注与故事相关的店铺与产品，赋予产品人性化情感。你的故事，必须要承载起你创立这个品牌的文化价值。

品牌故事怎么讲

在淘宝开店创业，品牌故事要怎么讲？首先，要给产品精确定位，简单说就是要清楚将产品卖给哪一类受众；其次，要明确给自己的产品赋予什么样的人格特征，将其人性化；再次，明确你的产品吸引眼球的亮点在哪里。

这些总结为一句话就是，你要明确自己要做什么。只有明确了这些，你才能讲出让受众感同身受的品牌故事。一个好的品牌故事，要么走心，要么娱乐。走心的故事最能打动人心，娱乐故事最能吸引目标受众的眼球。讲好品牌故事，必须把握好以下四点：

1. 导向性

讲的故事一定要有导向性，所谓导向性，就是引导目标受众的行为，不是一味说自己好，而是讲自己怎么个好法，给消费者一个购买的理由。例如，最会讲故事的"江小白"，如图9-3。

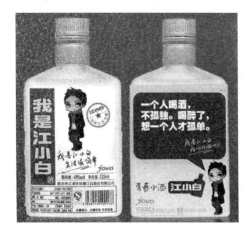

图9-3　江小白故事广告文案

2. 传播性

故事必须简单，具有可传播性。例如，关于钻石的这则文案"钻石恒久远，一颗永流传"，简单的一句经典广告语，赋予了钻石忠贞的爱情属性，钻石就有了灵性，击中了人心中对忠贞爱情的美好渴望，传遍世界。

3. 可叙性

但凡一个好的品牌，前半段故事一定要自己说，后半段故事交给消费者去说，如图9-4。

图9-4　单肩斜挎针扣包故事文案

4. 可信性

买家产生购买行为是基于信任，因此，你讲的故事，一定要具有可信性。可信性就是以细节代替局部，由局部代替整体，以现在代表未来。买家不可能知道你全部故事，但要传达给消费者一个可信的细节，用一个细节去向买家证明，你值得信任。

总之，品牌初创，无非要做到点燃消费者的欲望，让消费者觉得买到你的东西得到了便宜，让消费者相信你的产品物有所值。因此，讲就是为了让消费者产生信任，商家要用各种各样的方式坚持讲下去。

品牌引爆的关键所在

一个品牌应对一个单品时，更容易引爆品牌。淘宝开店创立品牌之初，聚焦"小而美"，依靠单品打开局面才是王道。

中国人的消费结构已经随着年轻人的消费观念和消费能力的改变而发生了改变，年轻人产品品类和年轻人消费群体已经成为网购的主力。这群年轻人的个性化需求将成为品牌引爆的关键所在。

新生活与新审美

随着生活方式的迭代速度越来越快，年轻的"80后""90后"正逐渐成为社会主要消费人群，他们所代表的"新生活方式"在不断演化出新的内容。倡导健康、平衡膳食、重视个人成长、注重外在形象、创业、聚会等新生活方式，影响着他们的消费决策。在此基础上主动创造，也是品牌引导消费的主流方式。

新审美，是新消费品牌崛起的重要信号。我们不难发现，现在那些流行的品牌在产品设计、服务设计、营销设计等方面都不再效仿过去的审美习惯，无论是产品形态，还是服务方式，都与过去有了本质的区别。可见，审美需要紧跟潮流。

许多品牌公众号发出了"无品味，不品牌"的声音，所以，淘宝网店创建品牌，要紧紧抓住眼下流行的趋势，与过去类似品牌进行横向比较，细致观察和对比不同之处，发挥出新生活与新审美所带来的巨大助力，才能在众多网店中脱颖而出。

打造极致的体验

普通的体验只能让消费者点头一笑，只有极致的体验才能让消费者奔走相告，才有可能引爆品牌。在网络时代，从产品到服务，一般的体验已经无法赢得消费者的认同了。

产品推广做得再好，营销策略再高明，文案写得再吸引人，可能会成就一时的销量，绝对成就不了品牌。对品牌而言，产品与服务的极致体验才是引爆品牌之道。网店打造品牌，应该像追求极致的奢侈品那样注重体验，要知道，奢侈品体验边际增加1%，成本需要增加100%。

没有能够让消费者赞不绝口的产品及服务体验，仅靠令人尖叫的创意和营销，即便产品可以火起来，也会因产品和服务跟不上而使"火苗"转瞬即逝。

社群与亚文化

很多品牌的流行，与特定人群息息相关。其中最典型的例子就是小米的成功，小米借助社群，吸引到一大批忠实的"米粉"，正是这群特定的人群，成就了小米这个品牌。因此，网店创立属于自己的品牌，做好社群推广与营销是第一要务。

例如，母婴海淘网站上一款日本纸尿裤因为某些妈妈社群的"威力"，变得全民皆知。

除此之外，二次元群体、明星粉丝群体、终生学习群体等社群和亚文化群体，都有着相同的消费方式。群体中的KOL（意见领袖）负责发掘新消费，基于社群的认同，一些潮流很快就会变成了社群内人尽皆知的消费趋势。有时候，社群的消费引导力甚至超过请明星做代言。

羊群效应

羊群效应就是从众效应，属于一种盲从的社会心理。羊群效应随着社会化媒体的发展进一步加剧。群体KOL及社群大V在消费中的导向作用越来越明显，一旦引爆，扩散速度非常快。

"头羊"在社交媒体、购物网站、团购网站上的作用被进一步放大，如果网店品牌将"头羊"的消费主张精准投放到小区、办公楼、固定文化场所等，再配合正确的推广渠道，引爆效果将会加倍。

当然，产品被引爆后，意味着瞬间的风潮。对于品牌而言，如何才能在抛物线到达顶峰后不下滑呢？其中最关键的一点就是，避免消费者出现消费审美疲劳。对于品牌初创并小有成效的网店而言，要想持续火爆就必须做到以下几点：

1. 保持品牌创新

现在的消费者对创新质量及频次要求很高，"一招鲜吃遍天"的时代已经过去，没有哪个品牌能够一招就打遍天下。能够消灭新趋势的，一定是下一个趋势。保持品牌的生命力，最重要的一点就是主动拥抱，甚至制造下一个趋势，不断进行品牌创新。

2. 用"工匠精神"打造产品与服务

所谓工匠精神，就是做事情要有敬业、精益、专注、创新精神。也就是说要热爱你所做的事，胜过爱这些事给你带来的财富；对所做的事情要精益求精，精雕细琢；始终保持专注和追求创新。在品牌营销上同样如此，我们必须知道，营销技巧只是品牌前期启动的推动力，火借风势是可以的，但最后一定要落到产品和服务上，否则，火还没烧旺就灭了。

3. 素材与引爆点

引爆品牌，流行的素材是不可或缺的，主动制造或主动协助消费者完成素材收集与发布，就能引爆一个又一个的流行。

总之，网店店主要学会借助趋势打造品牌。当你的品牌成为坚果界的三只松鼠，汉堡界的麦当劳，烤鸭界的全聚德之后，品牌的价值会让你的小网店迅速成长为大企业。

淘宝店铺品牌申请流程

淘宝店铺创立自己的品牌，需要到当地的工商机构注册商标，或者寻找代理注册商标业务的服务网站。注册商标后，当你的产品和网店打响知名度之后，这个商标也就是你的品牌了。

开网店不外乎做自己的品牌和做别人的品牌两种方式，当然各有各的优点，但从长远来说，只有做自己的品牌才能做大做强，不断成长。商标注册成功以后，你就可以放心地进行品牌申请，推广你的产品了。具体操作步骤如下：

登录淘宝账号，进入"卖家中心"，如图9-5。

图9-5　淘宝卖家中心界面

找到宝贝管理里的"发布宝贝"，如图9-6。

图9-6　淘宝网页宝贝管理界面

　　搜索想要发布的产品类目，如"平底鞋"，找到相关类目后点击发布，如图9-7。

图9-7　淘宝网类目搜索界面

进入页面编辑，搜索品牌库中是否有自己的品牌，没有则点击"点此申请"，如图9-8。

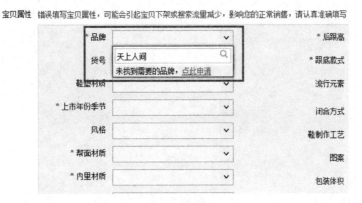

图9-8 淘宝品牌搜索界面

根据自己商标注册的实际情况，填写申请表格，并根据提示逐一填写完毕，提交即可，如图9-9。

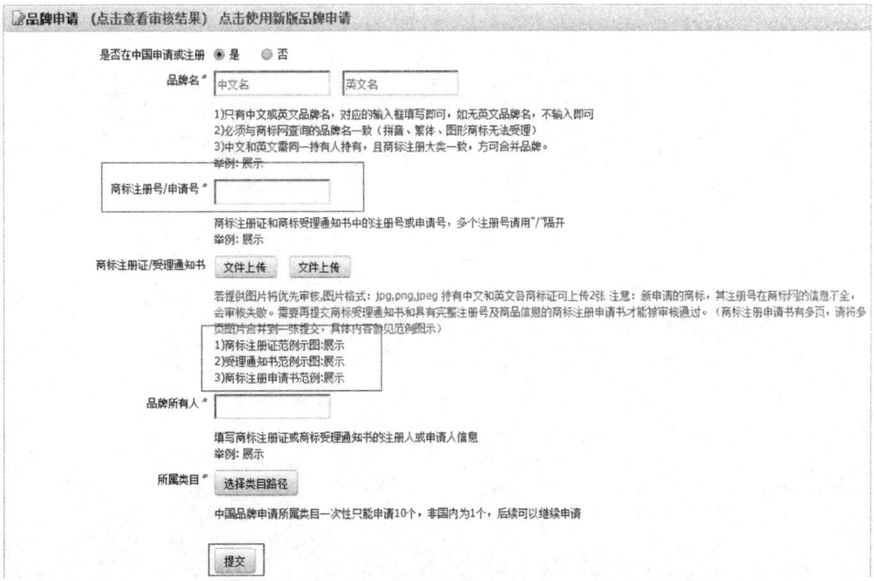

图9-9 品牌申请界面

在申请提交之后，品牌申请显示处于审核中，通常3个工作日内就会有结果。注册商标，请工厂代加工你的产品，打牢基础，就是你网店创业的万里长征第一步，当你的品牌之树茁壮成长时，小网店会成就你的大梦想。

第十章

流量导入与产品上下架优化

　　淘宝开店最怕没有成交量，影响成交量的关键因素就是流量。因此，想要打造爆品就要从基础开始，先保证店铺生存下来，从细节入手，做好流量导入与产品上下架的优化，将引流工作做好，把成交量提升上去，打造爆品自然水到渠成。

"摆摊哥"淘宝开店，逆袭成百万富翁

　　胡光永个头不高，皮肤略黑，朴实的外表下透露着沧桑与执着。他回忆起当年网络创业的经历，感慨万分。

漂泊流浪摆地摊

　　胡光永说："大概在1995年，我初中毕业后就开始到上海、南京打工。那时候一没文凭、二没手艺，不管到哪个工厂都只能打杂，吃了很多苦。"几年后，胡光永在南京的一家饭店稳定下来，但依旧是打杂。

　　下班后胡光永经常会路过一个夜市，他偶尔也会去夜市逛逛。他说："当时我发现很多地摊的生意都还不错，就想着自己也摆个地摊，说不定是个不错的选择。"

　　带着对未来的憧憬，胡光永从饭店辞职，到批发市场批发了几张明星画报，开始摆起地摊，但是明星画报早已成了夕阳产品，他卖的明星画报基本上无人问津。

　　他说："那时候我就意识到，不能根据自己的喜好来做生意。经过仔细观察，我发现逛夜市的女性比较多，而且几家小饰品摊的生意都特别好。"于是胡光永就卖起了女性小饰品，生意非常红火，这让他十分有成就感。虽然摆摊可以赚钱，但是一到下雨下雪天，他就没事可做了。

"你这个东西不错，不如拿到网上去卖。" 2006年8月的一天，在网吧做网管的小李路过胡光永的小饰品摊时说。

说者无意，听者有心。

"在网上卖东西能行吗？"只有初中文化的胡光永心存疑惑。

"我在网上卖过东西，后来生意不怎么好，但是店铺还在，要不把你的东西拿到网上卖？"小李说。

"好啊，那咱们就试试。"

两个人合计了一下，花几百元钱买了一台电脑，开始做起来。

在小李的帮助下，胡光永的小饰品在两个月内卖出去了80多件。

随着网店生意越来越好，他彻底放弃了摆摊的流浪生活，开始专职做起了淘宝卖家。每天坐在电脑前，他的十个手指头被电脑键盘磨出了茧，打包商品累到腰酸背痛，但看到订单从每天几十笔到几百笔，胡光永觉得再苦也值了。

稳扎稳打的经营策略

"小饰品要跟着流行走，所以我们经常更换产品。后来由于订单越来越多，我根本没有时间去观察市场上流行什么。最后，我们决定转型，开始做皮具。"

卖了两年小饰品之后，胡光永和小李开始卖皮具。就在皮具生意蒸蒸日上时，小李决定融资800万元开办一个天猫店。

但是胡光永觉得风险太大，认为做生意还是要稳扎稳打，最终选择了"单飞"。胡光永离开小李后，在淘宝上卖起了数码相机等电子产品，他也从一无所有的"摆摊哥"，成了一名成功的淘宝卖家，网店每年盈利超百万元。

谈到开网店的经验时，胡光永说："不要想一夜成为百万富翁，成功需要步步为营，把每个环节都做得滴水不漏，才能取得最终的成功。"

流量对淘宝店铺的作用

在淘宝开店追求产品与服务质量本身并没有错，但如果店铺没有流量，就意味着没有顾客上门，再过硬的拳头产品，也都会打到空气中，得不到任何回报。

流量相关的指标项目在整个搜索权重中占据了1/4的份额，这些流量指标项目分别是关键词关联度、搜索来路关键词点击率、产品页面停留时间截尾均值、店铺浏览时长截尾均值、店铺浏览深度截尾均值。因此，流量可以说是淘宝店铺的生命线，店铺没有流量，也就无法生存下去。

淘宝流量是什么

淘宝流量对于许多老卖家而言，再熟悉不过，但对于网店新手来说，却不是很了解，甚至不知道流量是什么意思。通常所说的流量，指的是网站流量，简单说，流量就是指网站的访问量，用来描述访问一个网站的用户数量，以及用户所浏览的页面数量等指标。

流量常用的统计指标主要有独立用户数量（一般指IP）、总用户数量（含重复访问者）、页面浏览数量、每个用户的页面浏览数量、用户在网站平均停留时间等。UV代表访客数，通常一个IP代表一个UV，但是电脑IP也会重复，因此就会出现一个IP有不同的访客数，而不是一个IP一定对应着一个UV。

对于网店而言，访客数量、停留时间、浏览量等指标意义重大，影响着网店的排名。一个健康的网店一个访客有3个左右的浏览量较好，如果低于这个指标，就说明网店内容不能吸引用户进行深度访问，这对于店铺排名十分不利。

常见的数据概念

淘宝店铺运营过程中常见的几个数据概念，见表10-1。

表10-1　淘宝运营中常见的数据概念

流量（UV）	访客数。
浏览量（PV）	单个访客查看商品的浏览次数。例如，一个访客查看了10件商品，对于这10件商品来说，分别算1个浏览量，算总店铺的10个浏览量
转化率	每100个访客中成交访客的占比。例如，100个访客成交了5个，转化率就为5％
客单价	每天总成交额/总成交人数，也就是每个成交人数的平均消费金额
店铺收藏	收藏店铺的数量
宝贝收藏	收藏单个宝贝的数量
跳失率	一天内来访店铺浏览量为1的访客数/店铺总访客数，即访客数中，只有一个浏览量的访客数占比。例如，某访客首次进入店铺，浏览了唯一的商品，就离开了，算一个跳失；如果访客首次浏览了A商品，然后从A商品点击进入B商品页面，则不算跳失

流量对于淘宝排名的作用和意义

产品销量对于淘宝店铺而言虽然很重要，但是销量已经不能相对真实地反映产品受欢迎的程度了。由于大量虚假交易的存在，淘宝自2014年起开始不断降低销量对排名的影响，到2016年，销量已经不再是搜索权重中最重要的指标了。严格来说，目前流量的质量对于淘宝店铺排名的影响非常大。

例如，产品页面停留时间截尾均值，淘宝官方定义是，计算一个用户从点击打开宝贝页面和离开或关闭这个页面的时间差。简单说就是这个用户在你店铺某个产品页面停留了多长时间。

这也说明，高质量的流量对于淘宝店铺排名有着极大的促进作用，低质量的垃圾流量对搜索排名有百害而无一利。因此，经营淘宝店铺还需注意以下两点：

1. 各方面指标权线

流量指标权重占整个搜索权重的24%，淘宝搜索是多因一果，单独做好某一项是不行的，必须方方面面都要考虑到，将各方面指标权重都做到一个相对优秀的水平上，网店排名才会在这些众多指标的共同作用下获得提升。

2. 进店流量的质量

并不是所有流量都可以提升关键词关联度、搜索来路关键词点击率、产品页面停留时间截尾均值、店铺浏览时长截尾均值、店铺浏览深度截尾均值这5个淘宝重点考量的指标。因此，只有优质的高质量流量才能达成指标提升的目的。所以在向店铺导入流量的类型选取上，务必要认真对待，首先分清楚什么是高质量流量，什么是低质量流量，否则店铺就会因为导入低质量流量受到极大的损害，得不偿失。

总之，相比店铺调整、销量构建等工作，流量部分的5个指标是淘宝搜索体系中最容易提升的一部分。目前，流量权重在搜索中大于销量权重，因此，经营淘宝店铺，必须要重视流量，引入高质量流量，才更容易引爆产品。

淘宝网的主要流量入口

随着移动互联网的高速发展，手机成为人们生活中最重要的随身物品，消费者更多的动作已经从点击变成了滑屏。加上消费者更加成熟，竞争更加激烈，流量之争这场战役越来越难打了。现在对于淘宝店来说，留住用户才是最重要的。

找到发现的乐趣，并将淘宝变成一个消磨时间的工具，是淘宝的新定位。淘宝公布的数据显示，来自手机淘宝的搜索流量，一度超过了淘宝在PC端上的搜索流量。但从最终转化到淘宝的实际收入来看，用户在移动端的消费能力又逊于几年前的PC时代。

因此，想要在淘宝开店创业，几年前的经验显然已经不再适用了，必须着眼于未来，拥抱变化。我们可以明显地感觉到，流量之战的战场也在悄然转移。许多网店新手都不知道淘宝流量的主要入口有哪些，可以通过哪些方式去找流量。

淘宝网主要流量入口

1. 搜索流量

搜索流量是淘宝网最主要的流量入口，也是全网卖家必争的一个流量入口。搜索流量不仅免费，还非常精准，购买转化率非常高。这些流量的产生是因为买家有购买某些产品的需求，在淘宝网搜索后，看到相应的产品，点击链接后进入店铺，最终产生购买行为。

2. 直通车流量

淘宝直通车是为专职淘宝卖家量身定制的按点击付费的效果营销工具，为卖家实现产品的精准推广。卖家可以针对每个竞价词自由定价，并可以看到在淘宝网上的排名位置，排名位置可用淘大搜查询，并按实际被点击次数付费。

3. 钻石展位流量

钻石展位简称钻展，是淘宝网为卖家提供的图片类广告位竞价投放平台，钻石展位主要依靠图片创意吸引买家点击，获取巨大流量，钻石展位还提供数据分析报表和优化指导。淘宝网钻石展位审核流程，如图10-1所示。

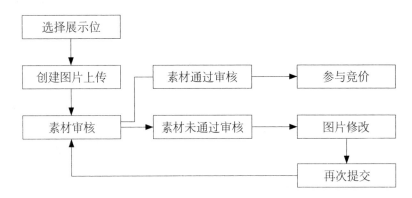

图10-1　淘宝网钻石展位审核流程

4. 活动流量

活动流量分官方活动和非官方活动，官方活动有聚划算、天天特价、淘宝试用等，这些都不计入搜索销量，淘宝卖家要学会做好关联销售，通过活动带动店铺人气和其他产品的销售。店铺做活动，一定要有目的性，如果漫无目的地参加活动，就很容易将店铺做死。

5. 淘宝客流量

淘宝客流量也是投入产出比最高的广告模式，属于CPS模式，即先成交，后付费模式。

淘宝内容化流量入口

1. 微淘

微淘是手机淘宝变形的重要产品之一，是基于移动消费领域的入口。

2. 淘宝直播

2016年3月，淘宝直播开始运营，主播人数超过1000人，观看直播内容的移动用户超过千万，观众主体为"90后"。

3. 淘宝达人

淘宝达人展现资源非常多，如"双11"清单、"双12"清单、年货节清单等。

4. 淘宝头条

淘宝头条汇集千万家店铺的信息，是一个流量产出非常高的平台，对于卖家来说，是个很好的流量入口。

5. 爱逛街

淘宝爱逛街是一个用户分享与交流的平台，根据消费者的爱好，将喜欢的商品展示在消费者眼前，能有效增加商品被搜索的概率与流量。

6. 淘宝圈子

淘宝圈子属于一个消费者互动的社区，以兴趣、消费热点为切入点，通过同好交流、互动实现内容沉淀，也是非常高效的流量来源。

无线流量分配方式改变了，只要有好内容，消费者就会停留。上面这些淘宝流量入口都是卖家朋友可以去尝试的，总的来说，这些流量入口，只要用心去做，去尝试，都能让店铺获得许多高质量的流量。

产品上下架的作用与规则

现在大部分卖家，尤其是新手卖家普遍存在一个误区，那就是集中上下架。虽然集中上架一批产品淘宝会给予一定的流量扶持，但是很容易造成流量真空，形成自己与自己的竞争。产品上下架与流量有关系吗？我们应该怎样利用好产品上下架来获取流量呢？

这里说的产品上下架是产品上架时间与下架时间的统称，产品上架时间会影响到产品下架的时间。在淘宝发布产品时可以选择上下架的周期，通常推荐选择7天为一个周期，这个周期越短，产品下架的机会就会越多。因为产品下架会获得排名靠前的机会，更容易让买家搜索到自己的产品。

淘宝产品上下架的作用

如果你店铺的产品选择一次性上架，在6天的时间内你的产品排名就不会有靠前的机会了，因为你的所有产品都在同一时间上架，这些产品都要过6天后排名才会靠前。

假如你将产品上架的时间错开，那么每天都有不同产品上架，每天也就都会有你的产品排名靠前，买家搜索产品时，就更容易搜到你的产品，进入你的店铺了。

根据淘宝系统上下架原理，当一个产品临近上下架时间段时，会有一个优先展现的机会，这时，产品上架时间的重要性就凸显出来了。依据淘宝剩余时间决定排名先后，对所有卖家都公平的原则，得出的结论就是，产品在即将下架的1天内，特别是最后几十分钟内，将获得最有利的宣传位置。

产品下架前数十分钟内可以获得非常靠前的搜索排名，如果你的产品下架的时间段是在凌晨3点到4点，会有多少人能看到你的产品呢？也就是说，虽然你的产品获得了很好的排名，但是没有人看，那就毫无意义了，毕竟那个时间段上网的人太少了。

淘宝产品上下架规则及注意事项

大部分淘宝店主对产品上下架都没有深入地研究过，并不了解淘宝产品上下架的本质。既然越接近下架时间的产品排名越靠前，产品就会在下架时间的影响下重新排序，所以说，产品下架时间是影响排名的一个非常重要的因素。

淘宝上所有的产品下架时间与上架时间是完全相同的，巧妙地安排好产品的上架时间，就能获取较高的排名，为店铺带来可观的自然流量。那么，淘宝店铺在产品上下架时，要遵循哪些原则呢？

1. 与目标客户在线购物时间保持一致

淘宝网店老卖家都知道，上午9:00~11:00、下午3:00~5:00、晚上8:00~10:00这三个时间段是网购的高峰期，将产品安排在这三个时间段内上架是很好的选择。

当然，这只是大众网民的基本情况，不一定适合所有的产品。因此，在安排产品上架时间时，要根据自身产品的目标受众的集中上网时间来安排。例如，如果产品的目标受众是大学生，他们的上网时间主要在晚上和周末；如果产品的目标受众是全职妈妈，她们的上网时间就会主要集中在白天。

2. 避开高人气产品

相对于已经卖得很好的高人气产品而言，新品无疑存在着竞争上的劣势（如没有收藏、没有销量、没有评价等），因此，无论是基于产品情况还是卖家的从众心理，新品上架都要尽量避开高人气产品。

淘宝有一个"高质宝贝数"的概念，通俗地说就是综合质量得分较高的产品，即使某个时间段某产品成交量很大，但是"高质宝贝数"很多的话，该产品也不一定就能获得较好的排名。同时，淘宝搜索引擎会给新上架产品较大的搜索权重，这样就达到了一个公平的原则。

通过相关数据分析得出，凌晨0点左右安排新品上下架比较合适，这是一个成交量非常高的时间段（成交量排名第7，高质宝贝数排名倒数第7），在这个基础上尽可能地避开高人气产品。

3. 淘宝禁止的与下架时间有关的两个行为

（1）重复开店。在淘宝下架时间排名机制下，当然是产品越多越占优势，许多人通过重复开店这种行为来赢得排名。

（2）重复铺货。通过重复铺货获取排名是扰乱市场的表现，搜索出来的都是同样的产品，就无法给用户带来更好的体验。

总之，熟练运用淘宝产品上下架时间和规则，无论是对新品还是对有一定名气的产品而言，都同样重要。

产品上下架时间优化技巧

进入淘宝页面选择一个关键词进行搜索，你会发现上午9点搜索这个词与上午11点再次搜索这个词所呈现出的产品会存在一些差异，这种差异与下架时间有着密切的关系。产品越靠近下架时间，权重越高，因此一些低销量的产品也可能直接出现在首页。

淘宝产品上下架时间的合理安排是影响淘宝搜索排名的重要因素，既然清楚了淘宝产品距离下架时间越近，排名越靠前，对于淘宝新开店铺来说，如何进行产品上下架时间优化，将是免费获取流量的最有效的方式。

产品上下架时间设置优化

1. 上下架时间周期选择

淘宝产品上架周期可以选择7天或14天，尽量选择更短的上架时间，也就是7天，更短的周期意味着搜索排名靠前的机会多。

2. 上下架时间段选择

尽量将产品在目标用户的网购高峰期上架。如果产品数量足够，可以在具体操作中选择11:00～16:00、19:00～23:00，每隔几分钟发布一个新产品，避免批量上架。同时上架就意味着同时消失，分隔开来上架就会在整个黄金时段都有即将下架的产品获得靠前的搜索排名，这样能为店铺带来大量的流量。

3. 同类产品分开上架

如果同类产品在几分钟内一次性全部上架，那么以后每周只有一天的几分钟内你的产品被排在前面。因此我们可以将产品分成14份，在每天的两个黄金时间段隔几分钟上架一个，用7天时间上架完毕。这样，以后每天的黄金时间段你的产品都会出现在搜索结果的前列。

4. 合理运用橱窗推荐

产品太多，橱窗位却只有那么小，最好的办法就是将所有橱窗推荐位都用在即将下架的产品上。只要安排合理，橱窗推荐位就会发挥巨大的作用。

淘宝新品上架流量扶持

淘宝新品上架都会有一定的流量扶持，但有很多店铺在新品上架后发现根本没有相关扶持的流量，这当然不是淘宝偏心，而是你的方法出错了。建议从以下几点入手，做个自我分析。

1. 标题、首图、类目、属性

淘宝搜索引擎对新品有自己的判断标准，并不是说你把产品上传了就叫新品。淘宝上的商品太多了，简单说这种判断标准就是，与你相似的款式越少，获得新品展现流量扶持的机会就越多。淘宝搜索引擎判断新品的标准主要有以下三点：

（1）类目和属性。经过多年的发展，淘宝搜索引擎对产品属性已经分得非常细致了，产品每一个属性都会有对应的值，在产品发布后，搜索引擎会根据你填写的类目属性找到相似款和同款。因此，填写资料时货号尽量自己编辑，除非必须用原有的。

（2）标题。在产品发布完成后，淘宝搜索引擎会根据关键词属性判断同款和相似款有多少，如果与你的产品标题类似的、甚至相同的有很多，那么给你的流量扶持机会就要少一些。抄袭别人的标题，或者直接将别人的标题照搬过来，都是不可取的做法。

（3）首图。淘宝搜索引擎现在在图片识别搜索技术上做得非常出色，如果产品的首图比较新颖，该产品就更容易获得新品上架流量扶持。

2. 店铺基础

店铺基础是影响新品获得扶持机会多少的一个重要因素，就像商场通常会将最好的位置留给实力最强的商家或者品牌。店铺基础主要包括以下几点因素：

（1）不能违规。违规对于淘宝店铺而言几乎是致命的，如果有违规，那么店铺的综合质量得分就会下降，新品获得扶持的机会就会减少。

（2）店铺层级不能持续下降。如果店铺层级持续下降，店铺的自然搜索流量就会下降，因此，通常新品准备上架的时候，应该在前一周通过直通车或者其他手段，提升一下店铺层级排名。

（3）店铺DSR评分不能持续下降。如果店铺DSR评分持续下降，店铺的自然搜索排序就会下降，新品也会受到很大的影响。

3. 产品编辑

许多新卖家都容易沉不住气，尤其是在流量下滑或者没有流量的时候，会对产品的标题、价格、详情页等进行编辑，虽然看起来很好，但是最后很难看到什么效果。

总之，网店店主对店铺产品的每一次编辑和调整，都意味着你的产品要被重新收录，需要注意的是，编辑产品最终的目的是实现交易。

后记
Postscript

电子商务快节奏、高速度的发展，已经从方方面面改变了人们的生活模式，甚至是行为模式。马云曾经说，"未来要么电子商务，要么无商可务"。淘宝、天猫自创立至今，创造了无数创业神话，许多名不见经传的小企业和个人，在这个电商平台上创立了自己的网络品牌，实现了创业梦想。

爆品是电商时代的产物，有人说爆品是过硬的品质和文化，是厚积薄发的长期坚持，是工匠精神的体现，有了这些，品牌才有了基础，引爆市场只不过是水到渠成的事。没有爆品，哪有有效、持续的口碑传播？再好的想法，没有行动，也是不行的。

"双11"活动已经举办了10年，2135.5亿元的销售额代表着千千万万个商家火爆的销售，也体现了电子商务蓬勃的生命力。在淘宝、天猫开店创业，有太多的成功惊喜，也有太多的功亏一篑；有太多的成功经验，也有太多的失败教训。

相信读者看到这里，已经对淘宝、天猫开店基础知识和爆品打造有了一定的心得。本书的内容，笔者不敢说有多全面，其中的观点，也不敢说全部正确，毕竟电商发展与变化，以及积累的经验，不是一本书能够写透的。

在创业的路上，引发你的思考，帮你少走些弯路，是本书编者的初衷。最后，鉴于编者水平有限，书中难免有疏漏、谬误之处，敬请批评指正。如果你觉得本书有一定价值，也请多多推荐。